新股民实盘操练大全

下

肖翼◎著

北京理工大学出版社
BEIJING INSTITUTE OF TECHNOLOGY PRESS

图书在版编目（CIP）数据

新股民实盘操练大全：全2册 / 肖翼著. —北京：北京理工大学出版社，2016.6

ISBN 978-7-5682-1940-2

Ⅰ.①新…　Ⅱ.①肖…　Ⅲ.①股票投资 - 基本知识　Ⅳ.①F830.91

中国版本图书馆CIP数据核字（2016）第084589号

出版发行 / 北京理工大学出版社有限责任公司

社　　址 / 北京市海淀区中关村南大街 5 号

邮　　编 / 100081

电　　话 / （010）68914775（总编室）

　　　　　（010）82562903（教材售后服务热线）

　　　　　（010）68948351（其他图书服务热线）

网　　址 / http：//www.bitpress.com.cn

经　　销 / 全国各地新华书店

印　　刷 / 北京泽宇印刷有限公司

开　　本 / 710 毫米 × 1000 毫米　1/16

印　　张 / 16

字　　数 / 174 千字

版　　次 / 2016 年 6 月第 1 版　2016 年 6 月第 1 次印刷

定　　价 / 56.00 元（全2册）

责任编辑 / 刘永兵

文案编辑 / 刘永兵

责任校对 / 周瑞红

责任印制 / 李志强

图书出现印装质量问题，请拨打售后服务热线，本社负责调换

目录

技术面分析篇

第一章 K线基础知识

虽然K线的颜色只有黑与白、形状只有长与短的分别，但就是这样一根根看似平淡无奇的线，却能反映出投资者对股市的基本预期。而不管是政策面、基本面、消息面，还是心理面的反映，最终都会通过一根根K线体现在走势图中，这也是K线被称为股市"技术分析之母"的原因。股民朋友要想炒股赚钱，就必须学会运用K线。换句话说，在股价涨跌这一场战役中，K线就是股民最好的防卫武器。

第二章 K线组合

股民朋友要想根据K线的形态及其出现的位置，研判出个股或者大盘未来的运行趋势，仅仅了解单根K线以及其形态是不够的，还需要了解另外一个重要的概念：K线组合。

　　所谓的K线组合是指由连续几个交易日的多根K线组合而成的形态，通过对这些组合形态的研究，可以预测出后市个股的发展方向以及投资者的心理预期，其准确率通常比较高。如果股民朋友能够熟练掌握这些K线组合，就能够提升自己在股市中获利的概率，扩展自己的获利空间。

第三章　K线反转形态

　　常见的K线组合除了上升、下降、见底和见顶组合外，还有反转形态和整理形态。在这两种K线组合中，反转形态是非常重要且实用的走势形态。通常情况下，当反转形态出现的时候，就意味着后市个股会从跌势转变为升势，或者从升势转变为跌势。

　　如果股民朋友能熟练掌握反转形态，那么就很容易预测出后市股价的大致走势，并据此选择合适的买卖时机，最终达到成功套利的目的。

第四章　K线整理形态

　　就目前中国股市的运行规律来看，不管股价或者股指经历的是大幅上涨行情还是大幅下跌行情，都需要在剧烈的波动后"冷静"一段时间，这是市场经济运行的必然趋势。对于行情的剧烈波动，市场需要时间消化。因此，可以说股价或者股指的整理是市场运行过程中必然要经历的阶段。

　　在个股以及大盘整理的大部分时间里，股价以及股指会形成各种各样的整理形态，这些整理形态的出现往往能够预示出后市的发展趋势。因此，熟练掌握K线整理形态的特征及其意义，股民朋友就能更加精准地预测出股价、股指未来的整体运行方向，提高自己的投资效益。

第五章　移动平均线

　　在股市中，利用移动平均线来判断股市运行的趋势是一种既简单又实用的技术分析方法。一般来说，移动平均线所表达的市场含义是非常容易理解的，通过对移动平均线的分析和研究，即便是新进股民也能较为容易地判断出个股或者大盘未来可能形成的走向趋势。

　　通过对移动平均线深入地进行研究分析就可以探索出市场的平均成本，对于精于股市的股民来说，这是非常重要的数据。如果能够参透市场中的绝大多数股民会在某个大致的位置做出抛出或者买入的举动，就能先人一步制定出合适的买卖策略。

第六章　MACD指标

有一定炒股经验的股民，几乎没有不认识MACD指标的。在众多技术分析指标中，MACD指标是当之无愧的王者。相对于其他技术分析指标，MACD指标在研判大势上具有更便捷、准确率更高的优点。

如果股民朋友能够熟练使用MACD指标，不仅能优化自己波段操作的能力，还能及时规避主力带来的风险。因此，MACD指标是众多新股民朋友不能不学习的一种技术分析指标。

第七章　KDJ指标

在股市中，除了MACD指标以外，KDJ指标也是非常重要的一种技术分析指标。同MACD指标一样，KDJ指标也具有简单、实用、准确率高的优点，也正是因为其具有上述优点，因此，受到了广大股民的喜爱。

KDJ指标不但能够从大波段的角度为股民提示逢低吸入的位置，还能从小波段的角度向股民指出合适的抢反弹的时机，从多个角度来帮助股民朋友扩大自己的获利空间。因此，利用KDJ指标寻找买卖点可以说是股民朋友入市后必须学习的一种技术分析手段。

第八章　其他技术指标

对于在股海中闯荡的股民来说，技术指标不仅发挥着指向标的作用，它有时还能在关键时刻成为股民的护身符。因此，要想在牛市中获得更多的利益、在熊市中保证自己全身而退，就必须对各种技术指标了然于胸。可以说，如果股民能够熟练地驾驭各种技术指标，那么就能在股市中极大地提高自己赚钱的概率。

第九章　经典理论中的技术

经典理论之所以被称为经典，是因为这些理论经过了时间与实践的考验。在实际的股市投资过程中，这些经典理论能够帮助股民找到合适的买卖点、证券市场的发展周期以及股价可能出现反转的位置。从技术角度来说，理论是实践的基础，如果股民能够掌握一些经典理论中的技术要领，用理论来指导自己的实战，就能增加自己获利的机会。

技术面分析篇

技术分析就像是股民朋友的眼和腿,不懂得技术分析,股民朋友在炒股过程中必然会看不清、炒不准,最终可能会面临亏损的局面。因此,在学会价值分析或者说基本面分析的基础上,股民朋友还应该学会技术分析。

第一章

K线基础知识

虽然K线的颜色只有黑与白、形状只有长与短的分别，但就是这样一根根看似平淡无奇的线，却能反映出投资者对股市的基本预期。而不管是政策面、基本面、消息面，还是心理面的反映，最终都会通过一根根K线体现在走势图中，这也是K线被称为股市"技术分析之母"的原因。股民朋友要想炒股赚钱，就必须学会运用K线。换句话说，在股价涨跌这一场战役中，K线就是股民最好的防卫武器。

第一节 什么是K线

>>概念精读

　　K线起源于日本德川幕府时代（1603—1867年），被当时的日本米市商人用来记录米市行情和价格的波动，后来因其细腻独到的标画方式而被引用到股市以及期货市场中。在日语中，"K线"的"K"写作"罫"（日语读音为"kei"），所以K线图在日本被称为"罫线"。西方证券市场建立后，取英文字母"K"为其命名，K线图由此广为流传。

　　通过对K线的勾画，股民朋友可以把每一个交易日或者是某一段周期内的市场情况完全记录下来，以推测后市可能会出现的市场状况和运行趋势。每一个交易日的K线柱状体体现在走势图上，形如一根根蜡烛，因此K线图也被称为蜡烛图。

　　如今，K线图在不断地发展和完善，其分析方法已经成了证券投资技术分析理论的基础，并且形成了一套严谨的K线分析理论，是目前各国股票、期货、外汇、期权等证券市场中的主要分析方法。

>>要点解析

1. 分时走势图

　　分时走势图主要是记录某一个交易日股价的变化情况，记录的周期为每一个交易日的上午9点30分至下午3点，即开盘时间至收盘时间内的股价实时变化。

在图1-1中：

a显示的是当天开盘的价格；

b显示的是当天收盘的价格；

c显示的某一分钟内的成交量；

d显示的是当前分时走势图所属的股票名称。

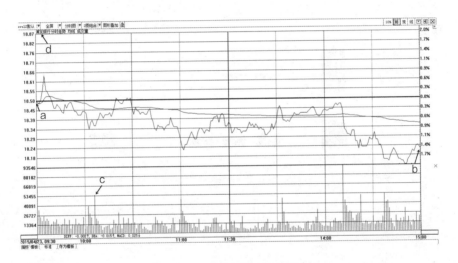

图1-1 分时走势图示意图

2. K线走势图

K线走势图反映的是一段周期内的股价变化情况。将一段时间内的实时股价变化整合在一起，并以柱状体的形状来表示，就形成了K线走势图。

在图1-2中：

a表示的是当天交易中出现的最高交易价格；

b表示的是当天交易中收盘的价格；

c表示的是当天交易中开盘的价格；

d表示的是当天交易中出现的最低交易价格；

e表示的是当天的成交量；

f表示的是当前K线走势图所属的股票名称。

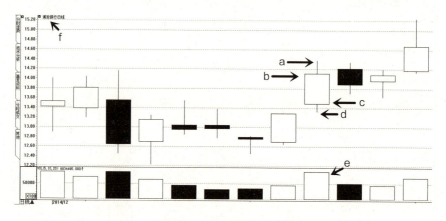

图1-2　K线走势图

>>实盘操练

从伟明环保（股票代码：603568）的分时走势图中可以看到，在2015年8月25日，该股以43.88元的价格开盘，并以47.93元的价格收盘。除此之外，还可以看到，该股在收盘前10分钟的时候，股价达到分时走势图中上边界线的位置。也就是说，在14点50分左右，该股股价被拉升至涨停板（如图1-3所示）。

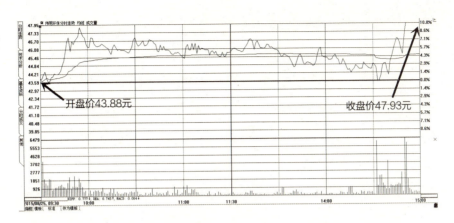

图1-3　2015年8月25日伟明环保分时走势图

　　而从伟明环保的K线走势图中可以看到，2015年8月25日该股收出一根带有长下影线的阳线，并且没有上影线，说明该股股价在25日涨停，并且能够在收盘前一直停留在涨停板上（如图1-4所示）。

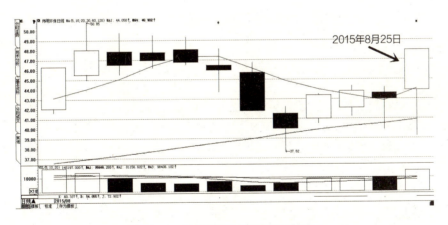

图1-4　2015年8月伟明环保K线图

>>巩固练习

问题1：

在图1-5中标注出该股的开盘价以及收盘价。

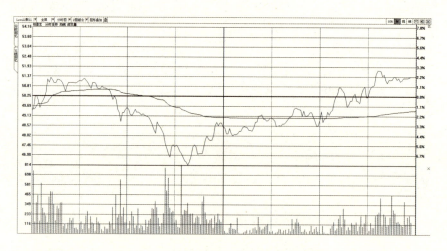

图1-5　2015年8月19日柏堡龙分时走势图

答案：

如图1-6所示。

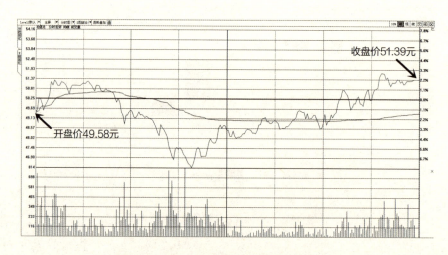

图1-6　2015年8月19日柏堡龙分时走势图

问题2：

结合图1-7，试说明为什么标注中的K线没有上影线却有下影线？

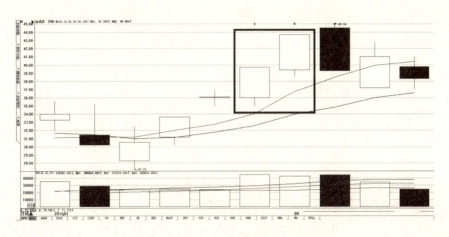

图1-7　2015年7月至8月金诚信K线图

答案：

　　图中标注的两个交易日里，该股股价均上涨至涨停位置。虽然在上涨至涨停板后股价有所回落，但是在收盘的时候，股价仍然可以停留在涨停板之上。因此，K线才会收出有下影线却没有上影线的K线实体（如图1-8所示）。

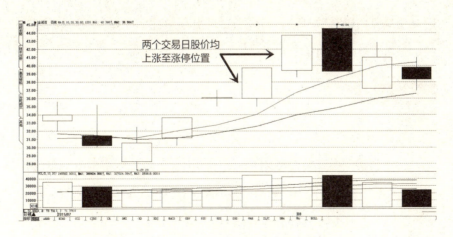

图1-8　2015年7月至8月金诚信K线图

第二节　单根K线形态精解

>>**概念精读**

　　在K线走势图中，K线实体有红与绿两色之分（在本书中用白色和黑色代替），因此，K线又被称为阴阳线或者阴阳烛，每一个交易日的开盘价与收盘价之间的比较可以通过阴阳线表示出来，这样就能非常明显地将一个交易日内股价的涨跌充分展示给股民，将股价一天的走势以最直观的方式展现给投资者。

　　对于投资者来说，K线最大的特点就是能够忽略股价在变动过程中的各种复杂因素，直观反映出股价最近的运行特征。因此，如果股民朋友想从股市中套取利润，首先要做的就是掌握、了解关于K线的基础知识，本节就从最简单的单根K线讲起。

>>**要点解析**

1. 阳线实体

　　在炒股软件中红色的K线柱体被称为阳线实体（即本书中的白色线柱）。在某一个交易日中，如果收盘价高于开盘价，那么就用阳线实体表示。按照形态的不同，阳线实体还可以分为大阳线、中阳线和小阳线。

　　在图1-9中：

　　a表示的是该阳线实体的最高价；

b表示的是该阳线实体的上影线；

c表示的是该阳线实体的收盘价；

d表示的是该阳线实体的开盘价；

e表示的是该阳线实体的下影线；

f表示的是该阳线实体的最低价。

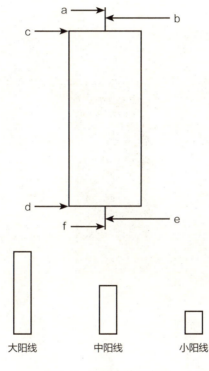

图1-9　阳线实体示意图

2. 阴线实体

与阳线实体相对应，绿色的柱体被称为阴线实体（即本书中的黑色柱体）。如果在某一个交易日中，收盘价低于开盘价，那么就以阴线实体表示。与阳线相同的是，阴线也可以被分为大阴线、中阴线和小阴线。

在图1-10中：

a表示的是该阴线实体的最高价；

b表示的是该阴线实体的上影线；

c表示的是该阴线实体的开盘价；

d表示的是该阴线实体的收盘价；

e表示的是该阴线实体的下影线；

f表示的是该阴线实体的最低价。

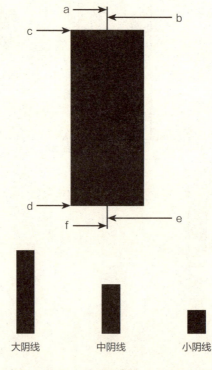

图1-10　阴线实体示意图

>>实盘操练

2015年4月1日至16日，楚天高速（股票代码：600035）连续收出了一根根阳线，并从4月1日的4.17元上涨至16日的9.52元，涨幅达128.30%。虽然在上涨的过程中，该股收出的阳线大小不一，但是涨幅仍旧十分可观（如图1-11所示）。

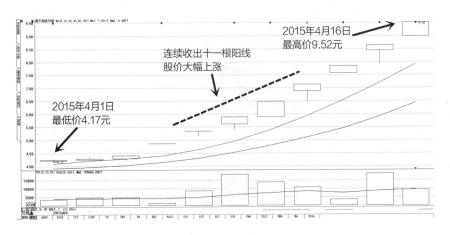

图1-11　2015年4月楚天高速K线图

2015年6月25日至7月9日这段时间里，中粮地产（股票代码：000031）连续收出10根阴线，虽然只是一些中、小阴线，但是总体累计的跌幅却达到了58.19%（如图1-12所示）。

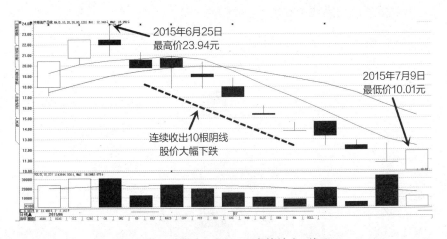

图1-12　2015年6月至7月中粮地产K线图

>>巩固练习

问题：

根据图1-13，描述标注中的单根K线形态。

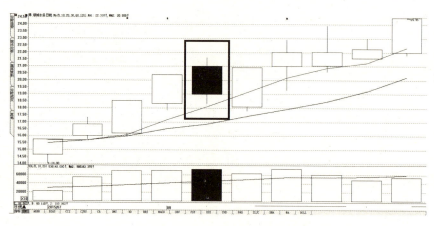

图1-13　2015年7月至8月绿城水务K线图

答案：

绿城水务（股票代码：601368）收出的K线实体，既有上影线也有下影线，并且K线实体相对较长，说明股价在一个交易日内的波动比较大，但是最终到了收盘的时候，价格依旧低于开盘的价格，因此才会收出一根黑色的阴线（如图1-14所示）。

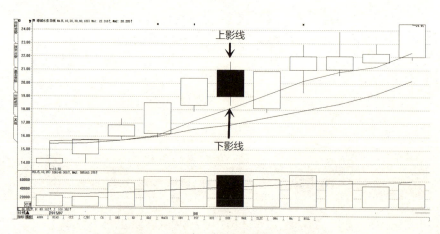

图1-14　2015年7月至8月绿城水务K线图

第三节　阴阳K线的具体形态

>>概念精读

从表面上看，单根阴阳线只是简单的线与线或者线与形状的组合，但不同形态的阴阳线所具有的含义并不相同；即便是同一形态的阴阳线，如果出现在不同的位置，那么也很有可能具有不同的含义。

对于股民朋友来说，阴阳线是股市中最基础，但也是最重要的因素，要想成为炒股高手，就要打好基础，了解、学透阴阳线。

>>要点解析

1. 光头光脚大阳线

（1）所谓的光头光脚大阳线，指的就是没有上影线和下影线的大阳线（如图1-15所示）。

图1-15　光头光脚大阳线示意图

（2）光头光脚大阳线的出现，说明买盘的力量非常强，市场中的投资者多对后市持看好的态度。

（3）如果光头光脚大阳线出现在价格较高的区域，并且成交量在大幅放大，那么就意味着很多投资者在这个价位套现离场，后市股价很可能会形成大幅下跌。

（4）如果光头光脚大阳线出现在低价位区域，往往意味着多方力量十分强大，股价将会高走。

（5）在盘整之后出现该形态，意味着在长期拉锯战后，多方最终战胜空方，股价将要上涨。

2. 光头光脚大阴线

（1）光头光脚大阴线就是不带上影线和下影线的大阴线（如图1-16所示）。

图1-16　光头光脚大阴线示意图

（2）光头光脚大阴线的出现说明卖盘力量非常强大，后市看跌的人居多。

（3）如果光头光脚大阴线出现在高价格区域，那么就意味着空方的力量非常强大，后市股价下跌的可能性极大。

（4）如果光头光脚大阴线出现在盘整之后，就意味着在经过一段时间的拉锯战后，空方最终成功压制多方，多数投资者不看好后市的发展，股价还将继续下跌。

（5）如果光头光脚大阴线在低价区域出现，则意味着目前市场的卖压不是很大，很可能这根阴线的出现就是股价的最后一跌。

3. 光脚阳线

（1）光脚阳线指的是带有上影线，但是没有下影线的阳线（如图1-17所示）。

图1-17　光脚阳线示意图

（2）光脚阳线的出现意味着在开盘后，多方的攻势非常猛烈，而空方处于下风，股价一路走高；但是在收盘前，多方力量用尽，空方发力回攻，于是价格回落。

4. 光脚阴线

（1）光脚阴线指的就是带有上影线但是不带下影线的阴线（如图1-18所示）。

图1-18　光脚阴线示意图

（2）光脚阴线的出现通常表示在开盘后，空方的力量比多方强，并且这种局面几乎一直延续到了收盘的时候，股价在运行的过程中虽有波动，但是最后依旧以最低价收盘。

5. 光头阳线

（1）光头阳线就是有下影线却没有上影线的阳线（如图1-19所示）。

图1-19　光头阳线示意图

（2）光头阳线的出现，说明在开盘后，空方的力量虽然比较强，导致股价不断下跌，但是当股价下跌的幅度比较大的时候，多方开始组织反攻，股价遂逐步由下跌转为上升，最终在多方的不懈发力下，个股以最高价收盘。

6. 光头阴线

（1）光头阴线就是带有下影线却不带上影线的阴线（如图1-20所示）。

图1-20　光头阴线示意图

（2）光头阴线的出现说明在开盘后，空方的力量要比多方强很多，股价随之大幅下跌。但是股价下跌至一定程度后，部分不忍割肉的股民使低位的抛压逐渐减少，多方借势拉升股价，避免了个股以最低价收盘的局面出现。

>>实盘操练

2015年7月中旬到8月初这段时间里，东源电器（股票代码：002074）在底部区域收出一根光头光脚大阴线，这种现象意味着该股很可能已经准备止跌回升，并且这一根光头光脚大阴线就是该股的最后一跌，其后市走势也证明了这一点。因此，对于股民朋友来说，底部区域的光头光脚大阴线很可能意味的是一次获利机会（如图1-21所示）。

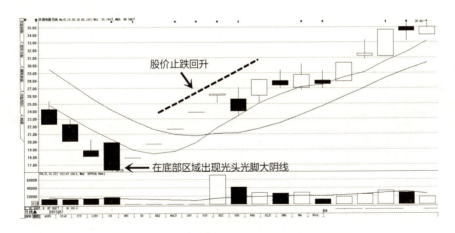

股价止跌回升

在底部区域出现光头光脚大阴线

图1-21　2015年7月至8月东源电器K线图

>>巩固练习

问题1：

试分析中国联通（股票代码：600050）2015年6月8日及之后走势

形成的原因（如图1-22所示）。

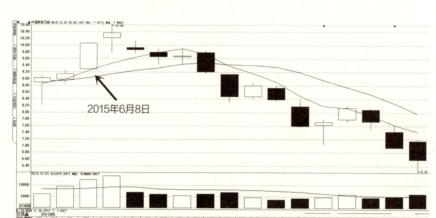

图1-22　2015年6月中国联通K线图

答案：

2015年6月8日，中国联通在高价格区域收出一根光头光脚大阳线，并且成交量有放大的迹象，这说明受到行情的影响，很多之前被套牢的股民选择了在这一价位解套出场。资金的外流直接导致了该股失去了上涨的原始动力，因此后市的持续下跌行情也就在所难免（如图1-23所示）。

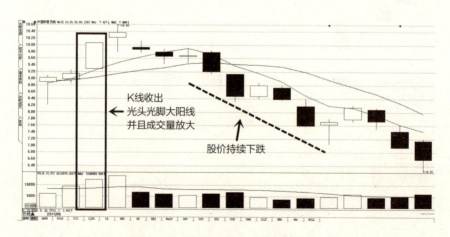

图1-23　2015年6月中国联通K线图

问题2：

试分析光脚阴线形成的原因。

答案：

由于大部分投资者对个股后市看淡，虽然在股价运行的过程中，多方曾试图拉高股价，但无奈力道有限，空方占据绝对优势，并且这种局面几乎一直延续到了收盘的时候，最终个股以最低价收盘，这样也就形成了光脚阴线。

第四节　特殊的K线形态

>> **概念精读**

　　在股市中，K线不仅有阴阳之分。当一根小小的K线形成特殊的形态的时候，其具有的意义也不相同，这正是K线吸引人的地方，也是众多股民对其深入研究的原因。

　　特殊形态的K线在股市中很常见，是K线走势图的重要组成部分。可以说，在某些特定的走势或者行情中，这些特殊的K线形态所具有的意义相比阴阳线来说有过之而无不及。本节就来分析这些特殊的K线形态，为今后打开股市套利之路打好基础。

>> **要点解析**

1. 十字线

　　（1）K线形成一个类似"十"字的形态，是因为在一段交易时间内，多空双方的力量比较均衡，所以K线实体部分会以水平直线的模样出现（如图1-24所示）。

图1-24　十字线示意图

（2）不同位置出现的十字线所具有的含义也不相同，如果十字线出现在比较明确的上升趋势中，不管它的形态是大还是小，那么都意味着后市可能会形成反转走势（如图1-25所示）。

图1-25　上升趋势中的十字线示意图

（3）如果十字线出现在下跌行情的初期，那么可以认为它并没有特殊的含义，并且在实际的投资过程中，十字线出现后形成底部的概率比较小。但是如果在整体市场处于超买或超卖的情况下出现了十字线，那么就很有可能是重要的反转信号（如图1-26所示）。

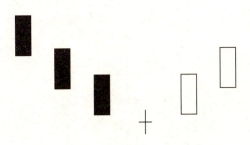

图1-26　下跌趋势中的十字线示意图

2. T形线

（1）某一个交易日开盘后，由于空方的力量比多方要强，因此在开盘后不久的时间里，股价一直处于下跌的态势。经过一段时间的积淀后，多方开始发力上攻；而空方由于前期发力过猛，因此在多方上攻的这段时间里无法组织有效的反击。最终导致个股以和开盘价相同的最高价收盘，所以就形成了一个类似英文字母"T"的形态（如图1-27所示）。

图1-27　T形线示意图

（2）T形线出现在不同的位置，所具有的意义也不相同，如果它出现在上升趋势中，往往意味着股价将由升势转为跌势。

（3）如果在下跌趋势中出现T形线，就可以将其视为止跌回升的信号，后市有很大的概率出现大幅上涨行情。

3. 塔形线

（1）塔形线又被叫作"墓碑线"或者"避雷针"。它表示开盘后，多方力量比空方力量强，股价上涨至当前交易日最高的位置后，空方开始发力反攻，而多方逐渐抵挡不住攻势，股价开始下跌，直至以和开盘价一样的最低价收盘（如图1-28所示）。

图1-28　塔形线示意图

（2）塔形线是T形线的衍生形态，如果塔形线出现在底部区域，由于多方已经发力上攻，其后劲是否足以完全压制空方，还需进一步观察。

4. 一字形

（1）如果一只股票的开盘价与收盘价相同，那么就会形成一个形同"一"字的形态（如图1-29所示）。

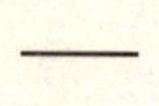

———

图1-29　一字形示意图

（2）一般这种形态出现，表明市场行情比较极端，要么是开盘即涨停并且维持到收盘的极强市，要么是开盘即跌停并且维持到收盘的极弱市，要么是成交非常惨淡或者没有成交。

>>实盘操练

2014年3月中旬，经过一段时间上涨后的深康佳A（股票代码：000016）在阶段性顶部收出一根上影线较长的十字线。对于持有该股的股民朋友来说，这是一个较为明显的逃离信号。从图1-30中可以看到，如果股民朋友没有及时卖出手中的持股，就会遭受比较大的损失或者导致自己的利益空间缩小。

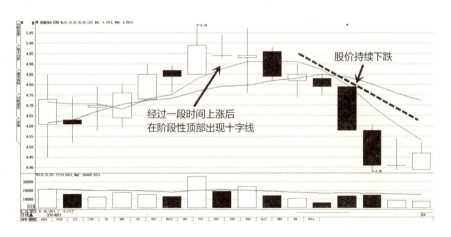

图1-30　2014年3月至4月深康佳A K线图

>>巩固练习

问题1：

2015年8月18日，深大通（股票代码：000038）收出一根T形线，试结合图1-31股价后市走势分析下跌行情形成的原因。

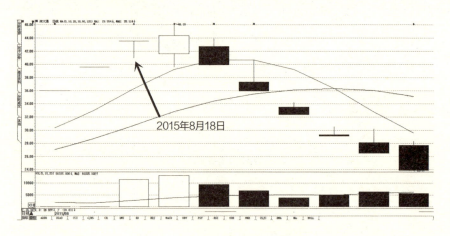

图1-31　2015年8月深大通K线图

答案：

2015年8月18日，深大通收出一根T形线，从图1-32中可以看到，在T形线出现之前，该股已经经历了一段上涨行情，也就是T形线出现在阶段性的高位。这样的现象说明经过一段时间的持续发力后，多方的力量已经消耗殆尽，而空方经过养精蓄锐后，已经具备了打压多方的能力。因此，该股后市势必要经历一段持续下跌行情。

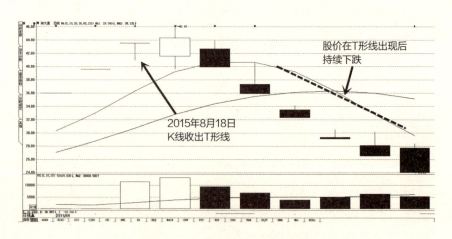

图1-32　2015年8月深大通K线图

问题2：

试分析2015年5月25日深圳华强（股票代码：000062）形成类似"一"字的K线以及成交量稀少的原因（如图1-33所示）。

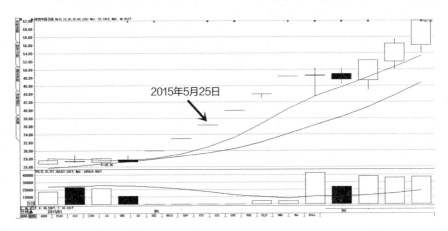

图1-33　2015年3月至6月深圳华强K线图

答案：

2015年5月25日，深圳华强的股价从开盘起便一直运行在涨停板上，因此虽然有很多人觊觎该股，但是由于股价一直被封在涨停板上，所以成交量也变得十分稀少（如图1-34所示）。

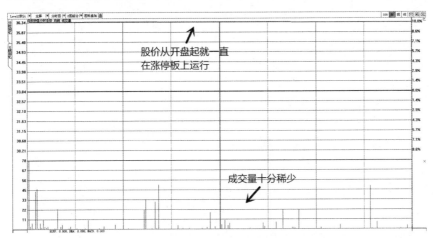

图1-34　2015年5月25日深圳华强分时走势图

第二章

K线组合

股民朋友要想根据K线的形态及其出现的位置，研判出个股或者大盘未来的运行趋势，仅仅了解单根K线以及其形态是不够的，还需要了解另外一个重要的概念：K线组合。

所谓的K线组合是指由连续几个交易日的多根K线组合而成的形态，通过对这些组合形态的研究，可以预测出后市个股的发展方向以及投资者的心理预期，其准确率通常比较高。如果股民朋友能够熟练掌握这些K线组合，就能够提升自己在股市中获利的概率，扩展自己的获利空间。

第一节 上升组合

>>概念精读

K线虽小，但是它所包含的信息量却很大，尤其是将两种或者几种单一K线组合起来看，能看到非常多的隐含信息。

在众多K线组合中，股民朋友最希望看到的就是上升组合，因为这样的组合往往能为投资者带来可观的收益。换句话说，如果股民朋友能够抓住这些获利良机，那么就很可能会收获可观的回报。那么，代表着上升组合的K线组合有哪些？

>>要点解析

1. 红三兵

（1）红三兵是一种非常典型的上升组合，多出现在股价上涨的过程中（如图2-1所示）。

（2）红三兵的具体形态为：当股价在底部区域经过一段时间的盘整之后，从某一个交易日开始，连续收出三根开盘价与收盘价都高于前一个交易日的阳线。

（3）需要注意的是，连续三根阳线并不会形成跳空缺口。也就是说，每一个交易日的开盘都在前一个交易日的阳线实体内，否则就不能称其为红三兵。

（4）每天的收盘价都在当天的最高点或者临近最高点的位置，表现在图像上即单一K线，没有上影线或者上影线非常短。

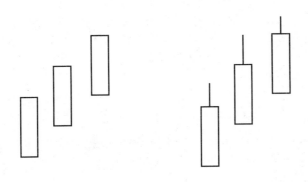

图2-1　红三兵示意图

2. 高位并排阳线

（1）一般来说，高位并排阳线比较容易出现在上涨行情中。

（2）当一根阳线以跳空高开的方式与前一个交易日的K线形成一个跳空缺口后，第二个交易日又形成一根与之开盘价几乎相同的阳线。由于两根阳线的开盘价几乎相同，因此看起来就像两根并列的阳线，所以称其为高位并排阳线（如图2-2所示）。

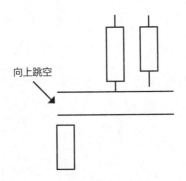

图2-2　高位并排阳线示意图

（3）当高位并排阳线出现的时候，如果向上跳空的缺口在短时间内没有被封闭，通常可以将其视为股价还将继续上涨的信号。

（4）如果股民朋友遇到高位并排阳线所形成的向上跳空缺口在短时间内就被封闭的情况，此时就应该及时套现离场，因为这样的形态很可能意味着股价会进入下跌趋势中。

3. 徐缓上升

（1）当一只股票连续收出几根小阳线后，又收出了一根或者两根大阳线，就形成了所谓的徐缓上升组合（如图2-3所示）。

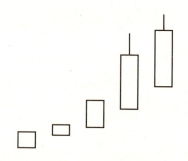

图2-3　徐缓上升示意图

（2）在上升趋势中，徐缓上升是一种比较常见的K线组合形态，特别是在股价上涨的初期，这种组合形态出现的频率非常高。

（3）通常徐缓上升组合形态的出现，意味着多方的力量正在稳步增加，虽然在后市与空方搏斗时，会造成股价的波动，但是股价整体的运行趋势却是始终向上的。因此，股民朋友如果遇到这种K线组合，可以保持积极看多的心态。

4. 多方尖兵

（1）当个股经过一段时间的整理后，突然在某个交易日形成一根上穿前一个带有上影线的阳线的时候，就形成了多方尖兵组合（如图2-4所示）。

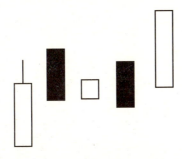

图2-4　多方尖兵示意图

（2）多方尖兵更容易形成于上涨行情中，尤其是上涨行情形成的初期。

（3）第一根K线为中阳线或者大阳线，并且多带有一根约为阳线实体三分之一的上影线。

（4）当有长长上影线的阳线出现后，个股通常会进入回落整理阶段。

（5）如果出现了多方尖兵组合，那么后市股价通常都会上涨，但是前提条件是此时的短期均线一定要呈多头排列，同时成交量也要配合放大。

>>实盘操练

2014年11月中旬到月末，绿景控股（股票代码：000502）就形成了徐缓上升这种走势形态，从图2-5中可以看到，在经过徐缓上升的洗礼后，该股股价继续保持上涨态势，如果股民朋友熟练掌握这一K线组合形态，并且及时跟进该股，就能扩大自己的获利空间。

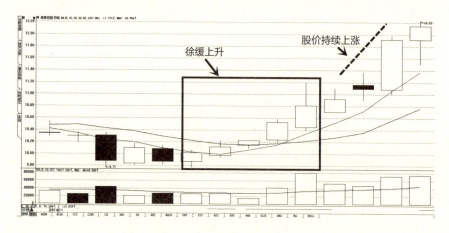

图2-5　2014年11月绿景控股K线图

>>巩固练习

问题1：

有人说，在深华新（股票代码：000010）2015年6月至7月的K线走势图上曾经出现过红三兵这一上升组合形态，但是之后却经历了下跌行情，因此，红三兵的预测能力并不高。试结合图2-6分析这一说法。

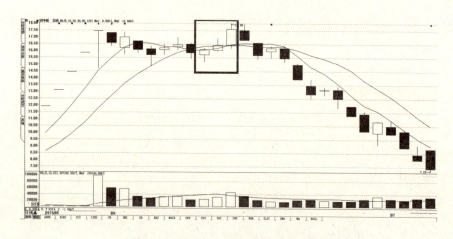

图2-6　2015年6月至7月深华新K线图

答案：

这一说法并不准确。首先，红三兵多出现于个股整理之后，但是在深华新K线走势图中的所谓红三兵却出现在经过一段大幅暴涨之后。其次，一般来说，形成红三兵的阳线应该没有上影线或者只有较短的上影线，但是该股收出的三根阳线均带有较长的上影线，所以不能认定图中组合为红三兵（如图2-7所示）。

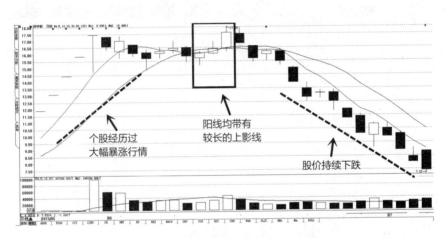

图2-7　2015年6月至7月深华新K线图

问题2：

试分析图2-8中的现象，为什么高位并排阳线出现后，个股形成了下跌趋势？

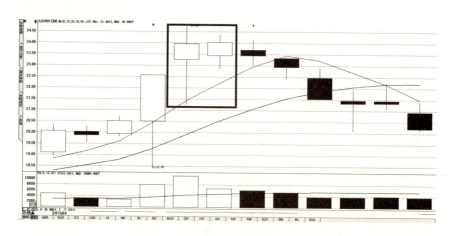

图2-8　2015年4月大庆华科K线图

答案：

2015年4月中旬，大庆华科（股票代码：000985）没有形成跳空高开的现象，因此，不能称其为高位并排阳线，股民朋友也无法以此来判定后市上涨行情还会持续下去（如图2-9所示）。

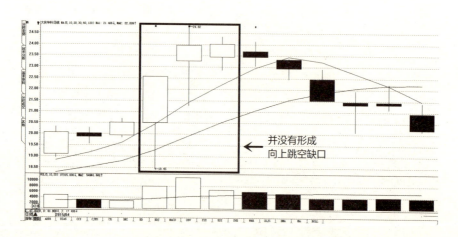

←　并没有形成
向上跳空缺口

图2-9　2015年4月大庆华科K线图

第二节　见底组合

　　见底组合是一种非常实用，并且可操作性很高的K线组合。一般来说，遇到了见底组合，股民朋友就有机会以较低的成本购入筹码，这样不但能够扩张自己的获利空间，即便被套牢，解套的概率也会大大增加。

>>要点解析

　　1. 圆底

　　（1）所谓的圆底是指股价的整体走势形成了一个类似底部半圆的形态。在判断是否形成圆底的时候，首先要确认K线是否形成了向上跳空的缺口，只有形成向上跳空缺口的时候才算最终形成圆底组合（如图2-10所示）。

　　（2）一般来说，圆底组合多出现在股价下跌或者横向运行的时候。

　　（3）形成圆底时，K线多收小阴线、小阳线。

　　（4）通常情况下，圆底的出现意味着场内的空方力量已经是强弩之末，后市多方一旦发力，就会形成涨幅较大的上升趋势。股民朋友遇到这种组合形态时，可以适当购入该股，以便能够享受一段上涨行情。

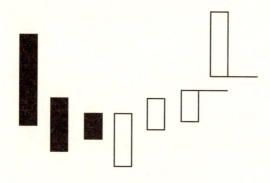

图2-10　圆底示意图

2. 希望之星

（1）所谓的希望之星是由三根单一K线组合而成，其中第一根为阴线、第二根为十字线，第三根为阳线，并且第三根阳线的收盘价已经深入第一根阴线的实体中（如图2-11所示）。

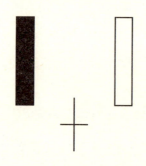

图2-11　希望之星示意图

（2）一般来说，希望之星组合往往出现在股价经历连续下跌行情的过程中。

（3）希望之星的出现通常预示着股价经过较大幅度的回调后，空方已经消耗了自身的大部分力量，后市很难再组织有效的向下攻势，也就是说股价已经无法再继续创造出新低点。

（4）当希望之星出现的时候，股民朋友可以将其视为一种比较典型的转势信号。在进行实际投资的时候，如果遇到了这样的组合，就可以适当买入。

（5）需要注意是，上述的希望之星形态只是标准组合形态，除了标准组合形态外，希望之星还有三种变异形态（如图2-12所示）。这三种变异组合所代表的含义与希望之星相同，都预示着后市很可能出现上涨行情。

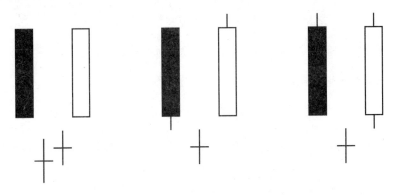

图2-12　希望之星变异组合示意图

3. 锤头线

（1）锤头线是较为特殊的K线组合形态，它可以由阴线组成，也可以由阳线组成（如图2-13所示）。

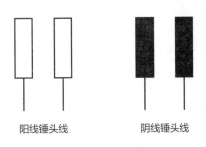

阳线锤头线　　　阴线锤头线

图2-13　锤头线示意图

（2）不管是阴线还是阳线，它们的K线实体都比较小，并且通常都不带上影线。在特殊的走势中，即使锤头线带有上影线，通常也非常短，短到可以忽略不计，而与之相反的是，下影线一般都非常长。

（3）锤头线容易出现在下跌行情中，并且在锤头线出现后，一般后市都会出现上涨行情。

（4）在实际投资过程中，锤头线的K线实体越小，下影线越长，其具备的止跌作用就越明显。如果它出现在持续时间较长、幅度比较大的下跌行情之后，那么基本上就可以将锤头线视为见底信号。

（5）一般来说，阳线锤头线与阴线锤头线虽然实战意义相同，但是阳线锤头线的预测能力要好于阴线锤头线。

（6）锤头线上下影线之间的比例越悬殊，后市的预测能力就越强。如果在锤头线出现之后又出现了希望之星，那么就可以认为后市极有可能出现反转走势。

4. 下档五阳线

（1）K线图上连续出现了5根以上的阳线，这样的K线组合被称为下档五阳线（如图2-14所示）。

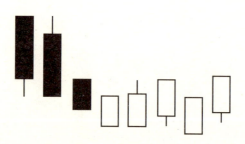

图2-14 下档五阳线示意图

（2）下档五阳线大多出现在下跌行情持续了一段时间以后。

（3）一般情况下，下档五阳线的出现意味着此时多方的承接能力比较强，股价即将见底，或者即将到达一个阶段性的底部，是一种比较强烈的买进信号。

（4）下档五阳线出现后，股价通常会见底或者下跌到一个阶段性的底部，所以买进后成本较低，风险自然也就小了。

>>实盘操练

2014年8月末至9月初，广东榕泰（股票代码：600589）形成了下档五阳线这种K线图组合形态。在此过程中，该股曾以5.18元的价格创下阶段性低点。经过下档五阳线的洗礼，截至10月8日，该股最高价已经上涨至6.92元，其间涨幅达33.59%（如图2-15所示）。

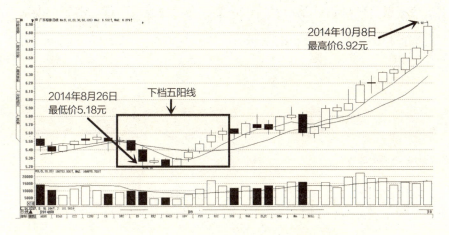

图2-15　2014年8月至10月广东榕泰K线图

>>巩固练习

问题：

试在图2-16中标注出K线组合名称并加以分析。

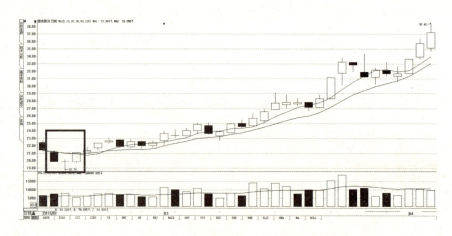

图2-16　2015年2月至4月捷成股份K线图

答案:

图内标注K线组合为希望之星,从图2-17中可以看到,该K线组合形成于底部区域,这预示着后市该股将会形成上涨行情,股民朋友应该选择积极介入(如图2-17所示)。

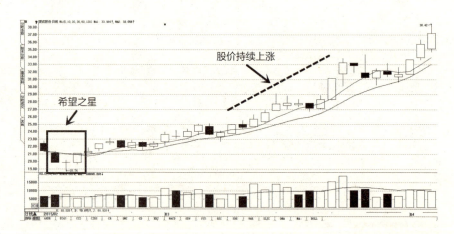

图2-17　2015年2月至4月捷成股份K线图

第三节　见顶组合

　　见顶组合是指在出现这种组合之后，股价即将开始下跌，或者股价在上涨的过程中从升势转变为跌势。下面就重点介绍几种股市中常见的见顶组合，以便使股民朋友在投资的过程中规避不必要的风险。

1. 黄昏十字星

　　（1）黄昏十字星是指个股经过一段时间的上涨后，形成了向上跳空的现象，并且开盘价与收盘价相同，收出一根十字线。随后股价又拉出了一根阴线，最终形成黄昏十字星组合（如图2-18所示）。

　　（2）黄昏十字星的出现是由于多空双方正处于激烈争执的过程中，有时十字线还会带有长长的下影线。

　　（3）一般来说，黄昏十字星的出现意味着股价已经开始见顶或者即将见顶，这时个股的整体运行趋势将由升变降，一轮新的下跌行情将要展开。股民朋友在遇到这种见顶组合的时候，应该坚决离场，不要抱有任何幻想。

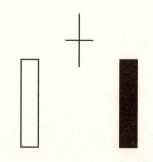

图2-18 黄昏十字星示意图

2. 圆顶

（1）当一只股票的股价走势构筑出一个开口向下的圆弧形状，并且在股价下跌的时候形成了向下跳空的缺口时，就完成了圆顶这一K线组合形态（如图2-19所示）。

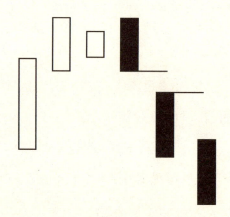

图2-19 圆顶示意图

（2）一般来说，圆顶形态多形成于股价经过一段时间的大幅上涨行情之后所到达的高位区域。

（3）当股价形成圆弧走势，并且从升势变为跌势的时候，必须有向下跳空的缺口，才可以确认圆顶形成。

（4）当圆顶形成后，个股后市迎来的将是下跌行情，这是因为圆顶的出现意味着多方的力量即将枯竭，后市有非常大的概率变成下跌趋势。股民朋友如果遇到这种组合走势，最好能提早做好离场准备。

3. 乌云盖顶

（1）如果股价在前一个交易日收出一根阳线，第二个交易日又高开低走，形成一根比较大的阴线，并且还跌穿了前一个交易日的阳线的三分之一，成交量也配合放大。那么就可以说形成了乌云盖顶组合（如图2-20所示）。它的出现意味着后市走势不容乐观。

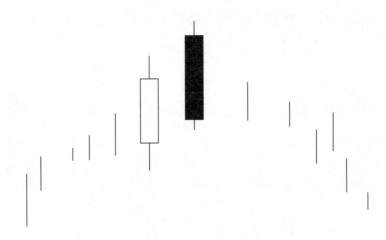

图2-20　乌云盖顶示意图

（2）如果在乌云盖顶组合中，第二个交易日的阴线实体的收盘价向下插入第一个阳线实体的程度越深，那么该组合构成股价运动顶部的概率就越大。

（3）在乌云盖顶组合中，如果第二个交易日阴线实体的开盘价比某一个重要的阻力位高，但是最终又没有突破这个重要的阻力位，这种现象很可能预示着多方的力量已经相形见绌，无法再继续将升势维持下去。

（4）如果在第二个交易日开盘的时候，成交量变得非常大，就很可能意味着更多的股民已经下定决心进场，但是随后空头就开始了抛售行为，于是急于进场的股民才发现自己已经骑虎难下了。

>>实盘操练

2015年6月中旬，经过一段时间大幅上涨的桐君阁（股票代码：000591）在高位形成了圆顶，并且在股价下跌的时候形成了向下跳空的缺口，确认圆顶形成。从图2-21中可以看到，2015年6月3日，该股最高价为36.79元。圆顶形成后，股价便开始大幅下跌。截至7月7日，其最低价已经跌至13.12元，其间跌幅达到了64.34%。从这个案例就能看出，如果股民朋友在遇到圆顶形态时，没有及时套现离场，就会遭受巨大的损失。

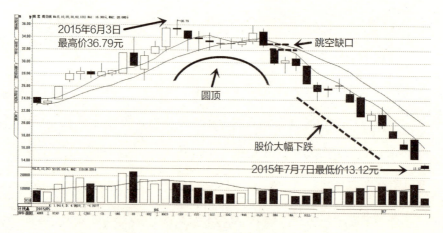

图2-21　2015年5月至7月桐君阁K线图

问题1：

试从2015年6月至7月创元科技（股票代码：000551）的K线图中找出特殊的见顶K线组合形态，并且分析其出现的意义（如图2-22所示）。

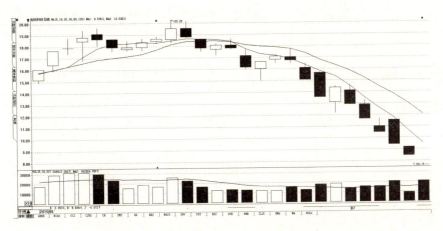

图2-22　2015年6月至7月创元科技K线图

答案：

2015年6月至7月这段时间里，经过一段时间上涨的创元科技在高位形成了乌云盖顶形态。当乌云盖顶出现的时候，作为投资者首先要做的就是看清局势，提早做好离场的准备。从图2-23中可以看到，乌云盖顶出现后，该股股价一度从20.25元下跌至7.64元，跌幅达到了62.27%。由此可见，如果股民朋友没有及时离场，就会遭受很大的损失。

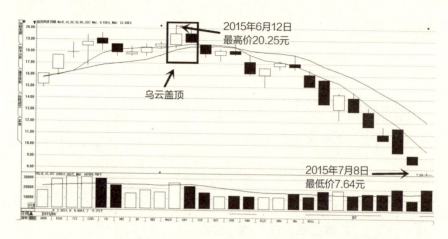

图2-23　2015年6月至7月创元科技K线图

问题2：

图2-24是一种K线组合形态，根据前文内容，在图中标注出该K线组合的名称，并解释其意义。

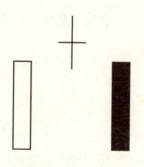

图2-24　问题2示意图

答案：

问题2中的示意图名为黄昏十字星，该K线多形成于一段上涨行情之后的顶部区域。当黄昏十字星出现的时候，股民朋友应该提高警惕，因为这种形态的出现，往往意味着后市该股即将进入下跌行情中，只有及时套现离场，才能规避损失（如图2-25所示）。

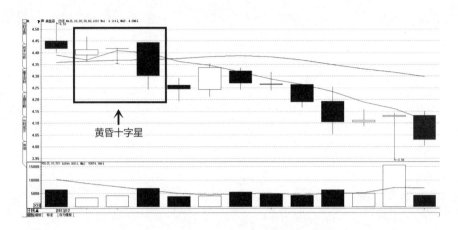

黄昏十字星

图2-25 问题2答案示意图

第四节 下跌组合

在股市中，股民朋友遇到见顶组合之后，如果及时离场，就可以将损失控制在可承受的范围之内。但是如果股民朋友遇到的是下跌组合，并且没有辨认出这些组合形态，无法及时避损，就可能进一步扩大自己的损失。所以，股民朋友只有认清、了解K线组合中的下跌组合，深知其中的玄机与奥妙，才能在较短的时间内做出应对策略。

>>要点解析

1. 吊颈线

（1）吊颈线与锤头线的形态差不多，其区别是，吊颈线的K线实体具有较长的上影线，而锤头线没有上影线或者只有很短的上影线（如图2-26所示）。

（2）一般吊颈线的出现往往意味着股价的上涨势态已经到了尾声，接下来股价很可能由升转跌。

（3）阴线吊颈线的可信程度要比阳线吊颈线大一些。

（4）如果股民朋友在股价已经经历了一波上涨行情后遇到了吊颈线，不管后市走势是好还是坏，可以先行减仓，一旦股价下跌，就应该果断将剩余的持股也抛售出去。

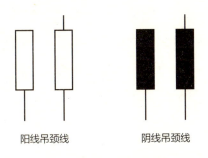

阳线吊颈线　　　　　阴线吊颈线

图2-26　吊颈线示意图

2. 倒三阳

（1）连续跳出三根开盘价与收盘价一次比一次低并且不形成跳空缺口的阳线，就是倒三阳。这种K线组合形态多出现于个股的下跌行情中（如图2-27所示）。

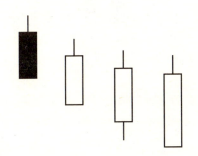

图2-27　倒三阳示意图

（2）通常情况下，倒三阳的出现往往和庄家操控脱离不了干系，庄家的目的就是利用连续阳线来制造一种股价即将止跌回升的假象，从而使更多的市场资金注入盘中。在实际的投资过程中，很多股民就是因为不了解这种形态的含义，仅仅根据连续出现的阳线就制定出盲目做多的策略，最终导致自己的利益受损。

（3）如果股民朋友在实战中遇到倒三阳，一定不要被阳线迷惑，这时最佳的应对策略就是卖出手中的股票，在场外观望。

3. 绵绵阴跌

（1）所谓的绵绵阴跌是指个股以不断收出实体较小的K线的形式（一般来说不少于8根）使重心向下移动，并且在这些小K线中又以小阴线居多，有时中间也会夹杂着一些小阳线（如图2-28所示）。

图2-28　绵绵阴跌示意图

（2）绵绵阴跌犹如春雨一般，连绵不断，乍看上去，每天的跌幅都不是很大，但是一旦累积起来，却能让股民笑不出来，甚至有时能达到超长期的下跌。

（3）如果股民朋友遇到了绵绵阴跌这种K线组合形态，那么就要提高警惕了。因为一旦不注意，从阴跌形成的初期一直到阴跌的末期，虽然每一天的损失都不大，但是最后的总损失一定是巨大的。

2013年12月中旬，泸州老窖（股票代码：000568）以连续多根小阴线的形式构筑出了绵绵阴跌这种K线组合形态。从图2-29中可以看到，在形成绵绵阴跌后，该股股价从2013年12月9日的19.50元，下跌到了2014年2月7日的13.87元，其间跌幅达到了28.87%，如果股民朋友对这种形态不够重视，只因为收出的阴线都是小阴线就不以为然，那么最后势必会蒙受较大的损失。

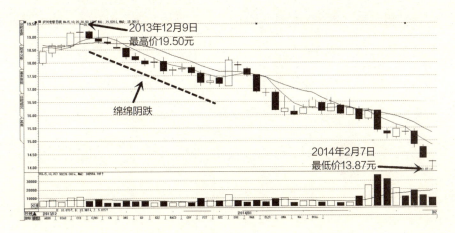

图2-29　2013年12月至2014年2月泸州老窖K线图

问题：

结合倒三阳示意图，试分析为什么倒三阳收出的是阳线，却属于下跌K线组合（如图2-30所示）。

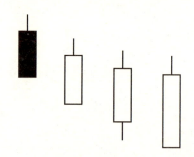

图2-30　倒三阳示意图

答案：

虽然倒三阳中收出的是阳线，但是阳线重心却一直在向下运行，也就是说，倒三阳中的阳线更倾向于一种诱多陷阱，其出现的目的就是在高位套住一部分盲目投资的股民。因此在实际的投资过程中，股民朋友一定要注意不要被这类阳线所蒙蔽（如图2-31所示）。

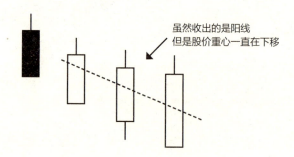

虽然收出的是阳线
但是股价重心一直在下移

图2-31　倒三阳重心下移示意图

第五节　特殊K线组合

在K线组合中，经常会形成一些比较特殊的K线组合形态。这些K线组合形态有时为股民带来的是收获的喜悦，而有时则带来的是受损的噩耗。因此，在实际的投资过程中，如果股民朋友遇到了这类K线组合形态，首先要做的就是冷静下来，并结合具体的走势情况进行综合分析。

特殊K线组合出现的时候，考验的不仅仅是股民认知K线形态及其含义的基本功，更是考验股民结合时势进行综合研判的本领。

>>要点解析

1.黑三兵

（1）黑三兵与红三兵相对应。黑三兵由三根小阴线组成，虽然这三根阴线的开盘价与收盘价越来越低，但是却不形成向下跳空的缺口（如图2-32所示）。

（2）当黑三兵出现在上涨行情中，特别是在个股之前已经积累了一定的涨幅的时候，就说明后市该股会形成下跌行情。

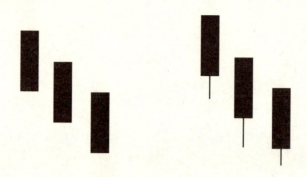

图2-32　黑三兵示意图

（3）当黑三兵出现在下跌行情中，特别是在个股之前积累的跌幅比较大的时候，就意味着个股很有可能见底回升，原本的下跌趋势将会转变为上升趋势。

（4）股民朋友在遇到黑三兵的时候，一定要结合个股之前的走势进行综合研判。其整体操作思路可以总结为：如果黑三兵出现在上涨行情中，就需要考虑做空；反之，则可以考虑试探性介入。

2. 镊子线

（1）镊子线是指K线形成"阳阳阴"或者"阴阳阳"的组合形式，一般第二次收出的阳线被完全包裹在两边的两根K线中，并且三根K线具有几乎相同的最高价或最低价。

（2）镊子线也是K线组合中比较特殊的一种，它既可以出现在上涨行情中，也可以出现在下跌行情中。

（3）如果镊子线出现在下跌行情中，那么三根K线的最低价就基本处于同一水平面上，如果前期积累了比较大的跌幅，股民朋友可以将其视为见底回升的信号（如图2-33所示）。

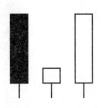

图2-33　跌势中的镊子线示意图

（4）如果镊子线出现在上涨行情中，三根K线的最高价就会处于同一水平面上，如果此时个股积累了比较大的涨幅，那么就意味着股价后市很有可能会由向上运行转变为向下运行（如图2-34所示）。

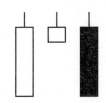

图2-34　升势中的镊子线示意图

（5）在遇到镊子线的时候，股民朋友可以依据其出现的位置进行投资策略的制定。也就是说，如果镊子线出现在上涨行情中，那么就可以考虑做空，反之就可以考虑做多。

3. 尽头线

（1）所谓的尽头线是指股价在保持原有运行趋势的情况下，开始加速发展。很多股民认为原有的个股在这种情况下，会继续保持积极运行的趋势，但是在个股收出一根长阳线后，在阳线的右方又收出了一根完全涵盖在阳线上影线范围内的小K线或者十字线，这样就形成了尽头线这种K线组合形态（如图2-35所示）。

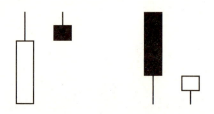

图2-35　尽头线示意图

（2）如果个股原本的运行趋势为下跌趋势，那么在收出大阴线后，又收出了一根完全涵盖在阴线下影线范围内的小K线或者十字线，也可以将其认为是K线组合中的尽头线。

（3）当尽头线出现在上涨行情中的时候，可以将其看成是个股止涨转跌的信号，股民朋友在实战中遇到这种形态时，应该优先考虑止损离场。

（4）反之，当股价处于向下运行的趋势中，出现了尽头线，通常意味着股价将迎来一段升幅，此时股民朋友可以适当购入。

>>实盘操练

　　2015年5月5日至7日，江海股份（股票代码：002484）连续收出了三根阴线，并且一根比一根的收盘价和开盘价低，但是并没有形成向下跳空的现象，也就是形成了黑三兵形态。此时结合该股之前的走势，股民朋友可以发现黑三兵出现于一段下跌行情过后的底部区域。因此，这次黑三兵的出现，股民朋友可以将其视为股价见底回升的先兆。从图2-36中可以看到，黑三兵出现后，该股曾以17.88元的价格见底。随后便开始不断上涨，截至2015年6月5日，其最高价已经上涨至31.50元，其间涨幅达43.24%。

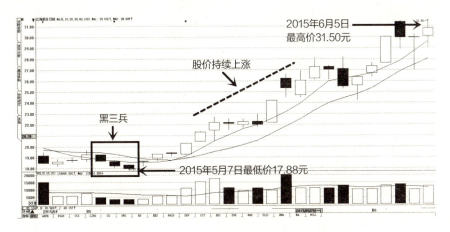

图2-36   2015年5月至6月江海股份K线图

问题1:

　　股民朋友如果在投资一只股票的时候，突然发现该股在经过一段上涨后的高价格区域构筑出了镊子线形态（如图2-37所示），此时应该怎么做?

图2-37   2014年12月至2015年1月大通燃气K线图

59

答案：

高位镊子线的出现，通常意味着后市个股即将进入下跌行情中，如果股民朋友在遇到这种情况出现的时候没有及时套现离场，那么后市就可能会因为下跌行情的到来而蒙受一定的损失（如图2-38所示）。

图2-38 2014年12月至2015年1月大通燃气K线图

问题2：

尽头线是一种典型的预示行情即将发生反转的特殊K线组合，试从图2-39中找到尽头线。

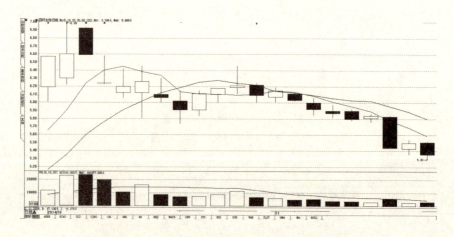

图2-39 2014年10月至11月四环生物K线图

答案：

尽头线可参见图2-40标记内容。

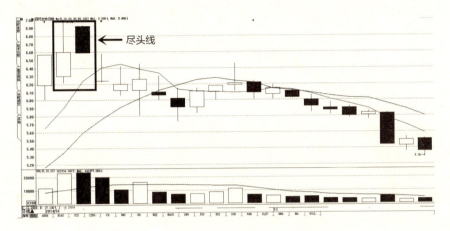

图2-40　2014年10月至11月四环生物K线图

第三章

K线反转形态

常见的K线组合除了上升、下降、见底和见顶组合外，还有反转形态和整理形态。在这两种K线组合中，反转形态是非常重要且实用的走势形态。通常情况下，当反转形态出现的时候，就意味着后市个股会从跌势转变为升势，或者从升势转变为跌势。

如果股民朋友能熟练掌握反转形态，那么就很容易预测出后市股价的大致走势，并据此选择合适的买卖时机，最终达到成功套利的目的。

第一节　圆弧顶和圆弧底

>>概念精读

圆弧形态并非指股价的整体走势呈圆弧形，而是成交量与股价同时形成圆弧的形状才能称为圆弧形态，也只有这样它才具备预测后市股价走势的能力。圆弧形态可以分为圆弧顶与圆弧底。在实战过程中，圆弧顶可以被当作个股下跌的先兆，而圆弧底则预示着个股即将从下跌趋势转变为上升趋势。

一般来说，圆弧形态的形成时间比较长并且形态变化趋势比较缓和。因此，圆弧形态发生后，对后市影响的持续时间也比较长。

>>要点解析

1. 圆弧顶

（1）在形成圆弧顶的时候，一般股价都会先呈现弧线形上升的态势，也就是图3-1中"1""2"所代表的部分，虽然这段时期内股价会不断上升，但是持续的时间有限。

（2）当股价上升到位置"2"的时候，便停止继续上升，并从升势转为跌势，股价自此向下滑落。也可以说，"2"便是个股在一段时期内所能创造的最高点。

（3）当股价一路下行至与之前的"1"同一水平的位置时，也就是达到图3-1中的"3"的时候，圆弧顶便可以算基本成型，此时我们将"1"与"3"连成一条直线，这条直线就是圆弧顶的"颈线"，即图3-1中的"4"。

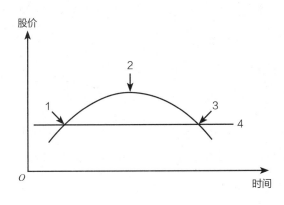

图3-1　圆弧顶示意图

（4）在股价上升的过程中，买方经过一段时间的发力上攻后，力量开始逐渐减弱，而此时卖方的力量在不断地加强，最后达到双方力量均衡的时候就形成了股价的最高点。这时的股价虽然还能保持高位运行，但随着卖方的力量不断增强，股价也就随之下跌。因此，圆弧顶一般都意味着股价即将面临一场大跌的行情，股民朋友们如果遇到这种形态，在股价回落至颈线、圆弧顶确认形成时，就应该选择套现了结。

（5）需要注意的是，在实际的投资过程中，并不是每一个圆弧顶都能完全顺利地运行成一个弧形。在个股构筑圆弧顶的过程中，有可能形成横盘运行的态势，也就是在顶部位置形成一个徘徊区，形如碗底一般。一般来说，虽然"碗底"的出现能够暂时遏制股价下跌的趋势，但是当股价通过"碗底"区域后，还会继续圆弧顶应有的下跌趋势。

2. 圆弧底

（1）当圆弧开口向下的时候就是前文所述的圆弧顶形态，而当圆弧的开口向上的时候就形成了圆弧底形态（如图3-2所示）。

（2）在底部出现圆弧形态时，具体表现为股价呈弧形下跌，刚开始的时候，卖方的压力不断减轻，于是成交量持续减少，但是买入的力量仍旧缄默不语，形成了位置"1"。

（3）随后虽然股价处于下跌态势，但是幅度却开始慢慢变小，趋势渐渐接近水平走向，最终形成最低点"2"。

（4）当股价运行至底部区域的时候，买卖双方的斗争基本告一段落，此时只有较小的成交量出现，随后买方率先打破僵局，股价形成上涨趋势，最后形成了位置"3"。此时，圆弧底雏形已经出现，如果股民朋友发现成交量的变化与股价如出一辙，那么就可以认为圆弧底已经形成。

（5）当股价运行轨迹出现了三点后，就完成了一个圆弧底，并且"1"与"3"之间的连线就成为该圆弧底的"颈线"，即图3-2中的"4"。

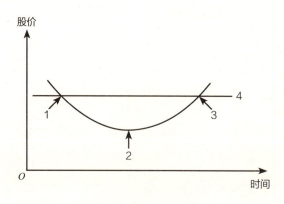

图3-2　圆弧底示意图

2015年3月中旬，山推股份（股票代码：000680）的整体股价走势在底部区域形成了一个圆弧的形态，并且成交量呈现出几乎与股价相同的走势。通过对量价的分析，我们可以得出结论：该股形成了圆弧底形态，后市股价很可能大幅上涨。

3月12日，也就是该股构筑圆弧底最低点的时候，其最低价仅为7.28元，而到了3月31日，该股最高价就已经在圆弧底的影响下上涨到11.05元，其间涨幅达51.79%。如果股民朋友对圆弧底较为熟悉，就能及时介入该股，从而获得丰厚的回报（如图3-3所示）。

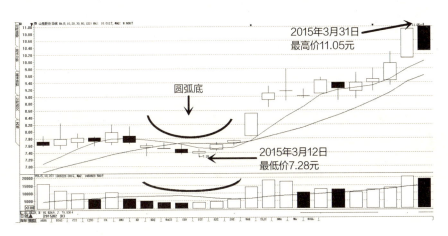

图3-3　2015年2月至3月山推股份K线图

>>巩固练习

问题1：

试结合图3-4分析，中元华电（股票代码：300018）形成下跌行情前有什么样的预兆。

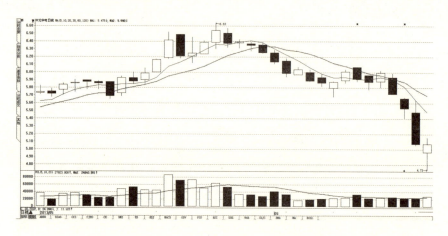

图3-4　2013年5月至6月中元华电K线图

答案：

通过分析中元华电2013年5月至6月的K线走势图可知，该股在2013年5月中旬整体股价走势形成了圆弧般的走势，并且成交量运行趋势与股价走势一致，也就是说该股构筑出了圆弧顶这种K线组合形态，预示了后市的下跌行情（如图3-5所示）。

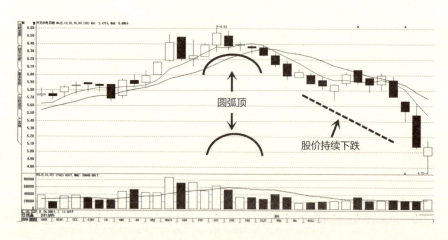

图3-5　2013年5月至6月中元华电K线图

问题2：

试结合图3-6回答，该股是否形成了圆弧底形态；如果是，为什么在圆弧底形成后股价不涨反跌；如果不是，请分析其原因。

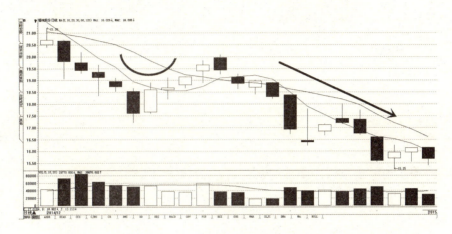

图3-6　2014年12月福瑞股份K线图

答案：

从图3-7中可以看到，虽然该股的整体股价走势形成了圆弧形，但是却没有成交量的配合，因此不能说该股形成了圆弧底。这也就解释了为什么在形成圆弧形后，该股会出现下跌趋势。

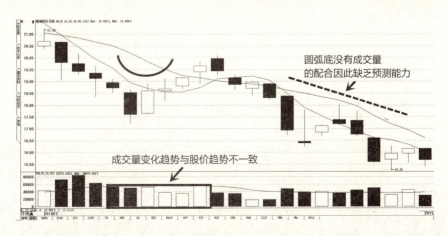

图3-7　2014年12月福瑞股份K线图

第二节 头肩顶和头肩底

>>**概念精读**

　　头肩顶与头肩底是股市中关于反转的代表形态。一般情况下，头肩顶多形成于牛市的末期，它的出现往往意味着牛市即将结束，后市走势即将由强转弱；而头肩底的出现则说明经过一段较长时间的下跌行情后，个股的下冲动力已经充分释放，个股在较短的时间里会形成底部反转，股价随后向上运行。熟练掌握头肩顶与头肩底的用法，可以帮助股民朋友实现股市套利的梦想。

>>**要点解析**

1. 头肩顶

　　（1）当牛市行情持续一段时间后，市场中的投资热情被充分调动起来，市场资金的大笔介入促使个股形成了头肩顶的"左肩"，即图3-8中的高点"1"。

　　（2）在高点"1"形成后，股价进入小幅回调阶段，部分错过上一波大涨行情的股民选择在回调期买进股票，市场投资情绪再度达到狂热阶段，股价再次走高并且超过上一次的高点，形成了头肩顶的头部，也就是图3-8中的位置"2"。虽然此时股价形成了较为乐观的走势，不过只要细心观察就会发现，成交量却呈现出逐步萎缩的态势。这是因为一部分对后市丧失信心或者"恐高"的股民已经悄悄打起了"退堂鼓"，再加上短线投机分子的卖出，就造成了股价的第二次回落。

（3）虽然个股在二次创高后形成了回落，但是受到坚定股民和新进股民的影响，股价还会形成第三次上涨，但是这类股民只占一小部分，个股上涨动力严重缺失，已经不能再次超越"头部"，于是就构筑了头肩顶的"右肩"，即图3-8中的高点"3"。这个时候，累积的成交量已经有了明显的下降趋势，股市的悲观情绪逐步形成，后市下跌行情在所难免。

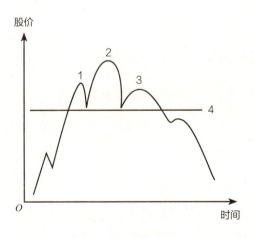

图3-8　头肩顶示意图

（4）在经过一轮下跌行情后，股价下跌幅度已经超过每次回落的幅度，也就是跌穿颈线，即图3-1中的位置"4"，此后迎来的将是一次大幅下跌。

（5）对于股民朋友来说，头肩顶是一种非常典型的顶部反转形态，如果头肩顶形成的时间足够长，那么还可能意味着牛市已经到达尽头。在实际投资过程中，当股价最近形成的高点比之前的高点低，并且成交量逐步减少的时候，就已经暗示了头肩顶的出现；当第三次股价无法回升至第二次高点位置的时候，股民朋友就应该准备套现离场。此时需要密切注意成交量的变化，如果成交量持续减少甚至是大幅减少的时候，就需要立刻离场逃命，因为这种现象只是下跌的开始，如果没有及时逃离，那么就很可能蒙受巨大的损失。

2. 头肩底

（1）当个股经历了一段时间的下跌后，多方在底部区域发力反攻，股价随着小幅回升，形成了头肩底的"左肩"，也就是图3-9中的位置"1"。

（2）当"左肩"形成的时候，成交量小幅增加，但此时市场信心终归没有完全摆脱之前下跌行情的影响，因此股民反应不积极，甚至有部分股民将此次小幅回升当成了卖出的良机。个股在"内忧"与"外患"的夹击下继续下跌，并创造出了新低点，形成了头肩底的"头部"，即图3-9中的位置"2"。

（3）经过一段时间的底部运行后，由于新低已现，市场资金开始逐渐"关照"该股，股价再次反弹至上一次高点位置后再度进入调整，充分释放市场抛压，形成了头肩底的"右肩"，此时成交量明显少于"左肩"和"头部"。

（4）当股价企稳后，开始迅速高走，并且伴随着成交量的放大，整个头肩底形态便宣告完成。

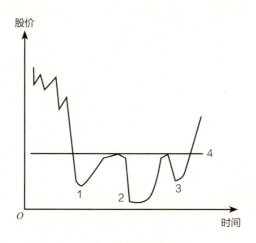

图3-9　头肩底示意图

（5）头肩底是一种具有很强的预测效力的形态，一旦该形态被确认，升幅一般都会大于其最小升幅。也就是说，一旦头肩底形态确立，那么就表示股市的下跌行情已经终结，最低的价位已经在其头部出现过，即使股价再次下跌也被限定在一定的区域内，市场正在凝聚着购买力和支持力。

>>实盘操练

在2014年2月至4月这段时间里，华平股份（股票代码：300074）经过一段上涨后，形成了头肩顶形态。3月6日，该股最高价为12.93元，但是经过头肩顶的打压后，截至5月19日，其最低价已经下跌至7.85元，其间跌幅达39.29%。如果股民朋友熟悉这种典型的顶部反转形态，科学地规避这次下跌行情，就能避免遭受较大的损失（如图3-10所示）。

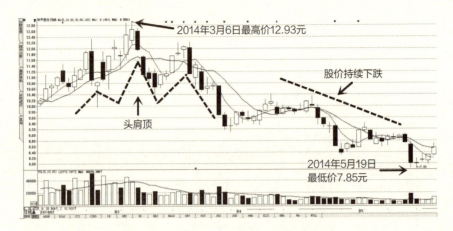

图3-10　2014年2月至5月华平股份K线图

>>巩固练习

问题：

试分析宝塔实业（股票代码：000595）在2012年11月至12月这段时间里，形成了什么样的K线形态，以及其后市上涨的原因（如图3-11所示）。

图3-11　2012年11月至2013年3月宝塔实业K线图

答案：

在2012年11月至12月这段时间里，宝塔实业形成了头肩底这种底部反转形态，有了这种反转形态的支持，该股股价才能从2012年12月4日的4.91元，上涨至2013年2月26日的7.60元，其间上涨幅度为54.79%（如图3-12所示）。

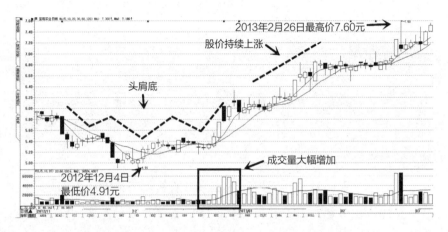

图3-12　2012年11月至2013年3月宝塔实业K线图

第三节　底部岛形和顶部岛形

>>**概念精读**

　　岛形反转是股市中比较重要的反转形态，在实际的投资过程中，它出现的频率不高，但是每一次岛形反转的出现都精确地预示着后市股价的走势情况。

　　一般情况下，岛形反转形态出现后，股价往往会形成反向运行的趋势。股民朋友如果遇到这种反转形态，就要及时做出买入或者卖出的决定。

　　岛形反转可以分为顶部岛形反转和底部岛形反转两种形态。顶部岛形反转一般意味着股票的上升趋势已经结束，下跌趋势即将展开；而底部岛形反转则恰恰相反，它的出现说明股票的下跌趋势已经结束，后市即将衍生出上涨行情。

>>**要点解析**

1. 顶部岛形反转

　　（1）个股经过一段时间的上涨后，已经积累了一定的涨幅。当股价达到较高的区域时，突然在某一个交易日形成向上跳空的现象，并且股价加速上涨，随后在高位徘徊一段时间。不久之后，该股又形成向下的跳空缺口，而且这个跳空缺口与之前的缺口几乎在同一水平区域，使之前高位徘徊的部分被分割成了一个如同大海中孤岛般的形状，这就是所谓的顶部岛形反转形态（如图3-13所示）。

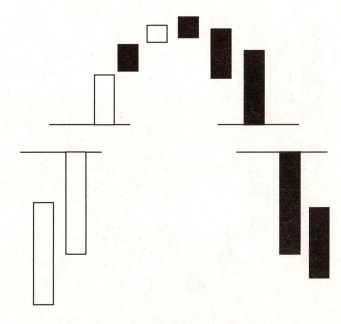

图3-13　顶部岛形反转示意图

（2）一般来说，顶部岛形反转通常出现在长期或者中期性趋势的顶部，表示现有趋势即将发生反向转变。

（3）通常情况下，一旦顶部岛形反转被确认形成，那么就意味着股价的走势已经开始恶化。如果股民朋友手中持有股票，遇到这种形态时就应该果断卖出持股，合理规避后市的下跌风险。而对于未持股的股民朋友来说，即便在下跌的过程中会形成反弹行情，也不应该盲目介入抢反弹。因为这种举动会给股民朋友带来巨大的危险，一旦操作失误，就会蒙受巨大的损失。因此，此时最佳的选择就是寻找其他具有升值潜力的股票。

2. 底部岛形反转

（1）底部岛形反转形态的整体走势规律与顶部岛形反转相同，但是开口方向相反（如图3-14所示）。

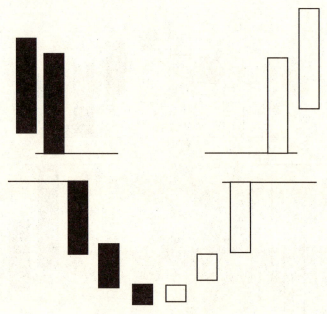

图3-14　底部岛形反转示意图

（2）个股经过一段时间的下跌后，在某一个交易日突然形成了向下跳空的缺口，并且在随后的几个交易日里，股价加速下跌，创造出新低点。

（3）当新低点出现后，股价走势峰回路转，从下跌快速变为上涨，并且在较短的时间内形成了向上跳空缺口，该缺口与之前形成的缺口处于同一个水平区域，这样就形成了底部岛形反转形态。

（4）通常底部岛形反转形成的时候都会伴随着非常大的成交量。如果成交量很小的话，就很难认定形成了底部岛形反转形态。

（5）虽然一般底部岛形反转形态的转向趋势并不会顺利地完成，多空双方会有一段激烈搏斗的过程，但是总的形势有利于多方。

2014年1月中旬至3月初，欧比特（股票代码：300053）形成了顶部岛形形态，从图3-15中可以看到，在这种反转形态出现后，该股股价开始持续下跌。2月13日，该股最高价为15.14元，但是到了3月31日，其最低价已经下跌至10.73元，其间跌幅达29.13%。

从这个案例中的股价走势可以看出，在顶部岛形确认形成的时候，股民实际上已经遭受了部分损失，但是如果就因为这小部分损失而放弃了套现离场的计划，那么后市的持续下跌行情只会使股民的受损空间变得越来越大。因此，即便不能在顶部岛形形成的初期及时逃顶，也要在确认顶部岛形形成的时候果断离场。

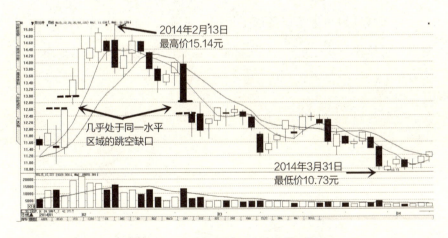

图3-15　2014年1月至4月欧比特K线图

问题1：

图3-16中的股票是否形成了底部岛形反转？如果是，该形态对后

市股价走势有什么样的影响？

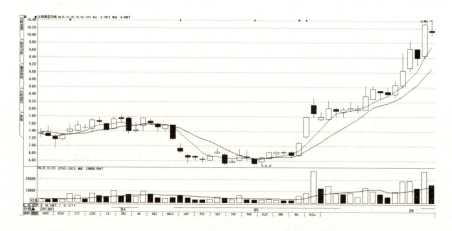

图3-16 2013年3月至6月太极集团K线图

答案：

从该股的股价走势以及成交量变化情况来分析，该股确实形成了底部岛形反转，并且在该形态形成后，该股便开始持续上涨（如图3-17所示）。

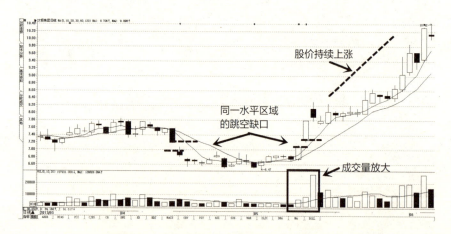

图3-17 2013年3月至6月太极集团K线图

问题2：

是否在任何情况下出现岛形反转都可以认为股价原本的运行趋势将发生改变？

答案：

不一定。如果个股中有庄家介入，那么岛形反转就有可能是庄家营造的诱多或者诱空陷阱，因此，在实际的投资过程中，股民朋友还需要结合其他因素进行综合分析。

第四节　V形和延伸V形

>>概念精读

　　V形以及延伸V形是股市中比较常见、预测能力也比较强的反转形态。通常情况下，当这两种形态出现的时候，就是市场产生剧烈波动的时候。特别是V形反转，股价仅仅在底部区域形成一次低点便开始改变原有的运行趋势，并且形成非常迅猛的走势形态。

>>要点解析

1. V形

　　（1）一般来说，V形反转多出现于一段大幅下跌过后，它可以被视为一种非常强烈的上涨信号。

　　（2）当市场中的空头将自己的力量发泄完之后，突然出现重大的利好消息，此时股价急转直上，并且维持了一段时间，这样就在K线走势图上留下了一个类似英文字母"V"的图像，也就是所谓的V形反转形态（如图3-18所示）。

　　（3）通常情况下，在V形反转形成之前，并不会出现明显的征兆，而且整体变化速度会非常快，甚至可以说是一种失控的形态。

（4）需要注意的是，V形反转形成的时候，在股价反转直上的时候必须有成交量的配合，只有在成交量足够多的情况下，其反转的力度才有保障。

（5）通常来说，股价在比较短的时间内跌幅越大、力道越强，出现V形反转的可能性也就越大；如果出现了涨幅超过5%以上的大阳线，那么就是很好的配合证明。

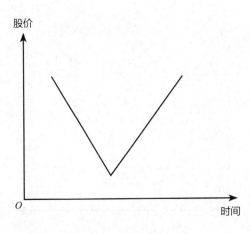

图3-18　V形走势示意图

2. 延伸V形

（1）延伸V形是V形反转形态的一种衍生体。在V形形态形成的过程中，股价在创造新低点后，由于市场资金对该股后市的走向趋势的意见不统一，就会导致个股股价在底部区域经历一段时间的横向运行。但是这种横向运行的趋势并不会一直持续下去，随着时间的推移，个股在某一个交易日打破这种横向运行的僵局，继续完成V形走势的后续发展模式（如图3-19所示）。

（2）延伸V形走势在上升或下跌的过程中，会出现一段时间的横向走势，主要是因为大部分持股股民开始对这种形态形成的信心缺失，但是这种低迷情绪消除后，股价就会继续完成整个V形走势。

（3）一般情况下，延伸V形与V形走势一样，具有十分强大的预测能力。

（4）与V形反转形态相同的是，在股价突破延伸V形的徘徊区域的时候，一定要有成交量的配合，如果没有成交量的配合，那么就不能确认是延伸V形走势。

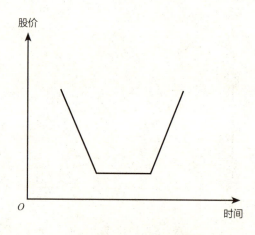

图3-19　延伸V形示意图

>>实盘操练

2015年7月9日，乐凯胶片（股票代码：600135）以9.63元的价格创造出了一段时期内的新低点，随后股价便开始快速上涨，截至8月17日，该股最高价已经上涨至22.51元，其间涨幅达133.75%。结合该股之前的下跌趋势来看，其整体股价走势形成了一个类似英文字母"V"的形态，并且在股价反转直上的时候成交量大幅放大，构筑出了标准的V形走势。如果股民朋友对这种形态足够了解，就能从中获得丰厚的回报（如图3-20所示）。

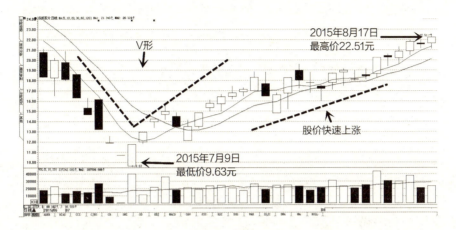

图3-20　2015年6月至8月乐凯胶片K线图

问题：

图3-21中的股价走势是V形反转形态吗？如果不是，请说明它是什么形态，是否具有与V形反转形态相同的意义。

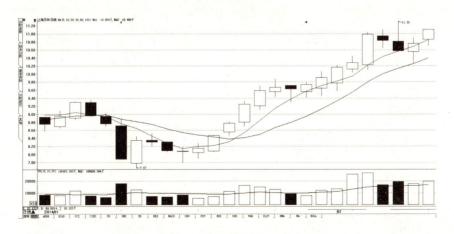

图3-21　2014年1月至2月上海贝岭K线图

答案：

　　该股整体走势形成的是延伸V形反转形态。从严格意义上说，延伸V形是V形反转形态的一种衍生体。因此，两者具有相同的预测能力。从图3-22中可以看到，当延伸V形反转形态出现后，该股也形成了上涨趋势（如图3-22所示）。

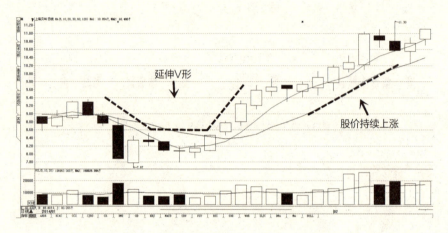

图3-22　2014年1月至2月上海贝岭K线图

第五节　双重顶和双重底

　　双重顶和双重底是股市中出现频率非常高的反转形态，但这并不影响其预测能力。通过长期对沪、深两市股票运行情况的观察可知，一旦双重顶或者双重底出现，后市就会产生比较大的行情波动。如果股民朋友能够掌握这个规律，就会为自己炒股提供不小的帮助。

1. 双重顶

　　（1）经过一段时间的上涨后，个股的股价已经攀升到一个比较高的位置，此时成交量配合放大，但是这种势头并没有维持多久，股价便开始下跌，成交量同步萎缩。

　　（2）当股价形成了一定的回落幅度后，又逐步转向，攀升至与前一次高点几乎相同的位置，成交量再次放大，却无法达到之前的成交高峰。将整体股价的运行轨迹结合起来看，就可以发现股价的走势形成了一个形如"M"的痕迹，这就是所谓的双重顶形态，通常也称为"双顶"或者"M顶"（如图3-23所示）。

（3）双重顶多被认为是信号强度比较大的顶部反转形态，即当双重顶出现的时候，往往意味着股价的上涨势头已经结束，个股即将展开下跌行情。因此，股民朋友遇到双重顶形态的时候，可以将双重顶的最高点当成该股近段时间内的最高点。

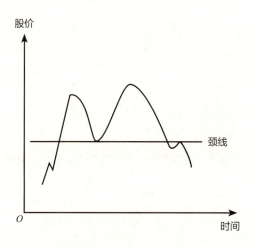

图3-23 双重顶示意图

2. 双重底

（1）双重底与双重顶相对，它是一种底部反转形态。

（2）当股价下跌至一定的低位时，形成了技术性反弹，但是反弹的幅度比较小，持续的时间也比较短。

（3）随着反弹行情的结束，股价再次下跌至上一次低点附近的位置时，得到了有效的支撑，随后便开始持续上涨，并且此时的成交量与之前相比放大了很多。由于这样的走势会在K线走势图上留下一个类似英文字母"W"的痕迹，因此双重底又被称为"W底"或者"双底"（如图3-24所示）。

（4）在股市中，双重底是比较典型的反转形态。当出现双重底的时候，就意味着下跌的行情即将结束，上涨行情即将到来。当股民朋友确认双重底形成的时候，就可以将双重底的底部最低点认为是该股的底部了。当该股的股价上涨并且突破双重底的颈线的时候，最佳的买入时机就已经出现了。

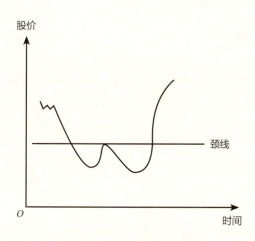

图3-24　双重底示意图

>>实盘操练

2015年5月至7月，经历了一段下跌行情的飞亚达A（股票代码：000026）在底部区域形成了双重底形态，随后股价便开始大幅上涨。从该股的K线走势图上分析，当双重底形态基本完成的时候，该股成交量也随着股价的上涨呈现出有效放大的趋势。因此，可以认定后市个股会进入上涨行情中。如果股民朋友熟练掌握了双重底的运用技巧，在该股仅为7.21元的时候买进，就能轻松地坐享股价攀升带来的利润（如图3-25所示）。

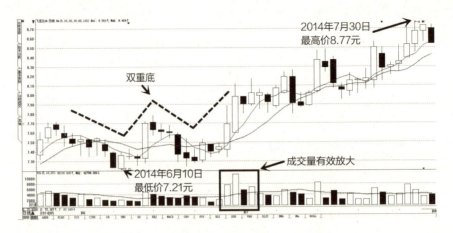

图3-25　2014年5月至7月飞亚达A K线图

>>巩固练习

问题1：

指出图3-26中出现的K线形态，并说明其含义。

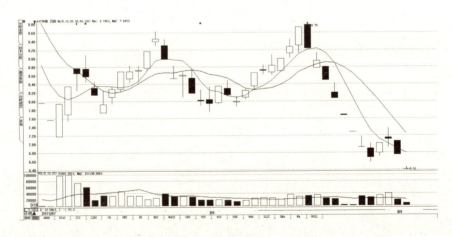

图3-26　2015年7月至9月*ST华锦K线图

答案：

2015年7月至9月，*ST华锦（股票代码：000059）形成了双重顶形态，在这种形态出现后，该股股价开始大幅下跌。股民朋友可以将双重顶形成期间所达到的最高点当作个股近期内的最高点，在投资过程中，遇到双重顶后股民朋友应该及时卖出手中持股，避免遭受更大的损失（如图3-27所示）。

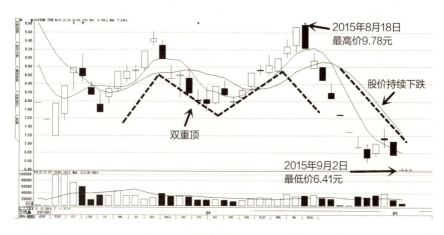

2015年8月18日
最高价9.78元

股价持续下跌

双重顶

2015年9月2日
最低价6.41元

图3-27　2015年7月至9月*ST华锦K线图

问题2：

底部反转过后，股价往往能持续上涨一段时间，但底部形态的出现也有可能是庄家刻意营造的诱多手法，那么在双重底出现的时候，股民应该如何判断其可信度呢？

答案：

在双重底出现的时候，股民朋友首先要做的不是买进股票，而是仔细观察个股的成交量变化。当双重底形态基本完成的时候，如果成交量能够有效放大，那么就证明双重底构建真实、有效，后市能够形成一波上涨行情，此时才可以买进该股。

第四章

K线整理形态

就目前中国股市的运行规律来看，不管股价或者股指经历的是大幅上涨行情还是大幅下跌行情，都需要在剧烈的波动后"冷静"一段时间，这是市场经济运行的必然趋势。对于行情的剧烈波动，市场需要时间消化。因此，可以说股价或者股指的整理是市场运行过程中必然要经历的阶段。

在个股以及大盘整理的大部分时间里，股价以及股指会形成各种各样的整理形态，这些整理形态的出现往往能够预示出后市的发展趋势。因此，熟练掌握K线整理形态的特征及其意义，股民朋友就能更加精准地预测出股价、股指未来的整体运行方向，提高自己的投资效益。

第一节　上升三角形和下降三角形

>>**概念精读**

　　上升三角形和下降三角形是股市中比较典型的整理形态。顾名思义，上升三角形预示着后市股价将以上涨为主要趋势，而下降三角形则意味着后市股价将以下跌为主要趋势。

　　上升三角形的出现说明多空双方在一段时间里处于不断交锋的状态，但是在交锋的过程中，多方占有一定的优势，而空方在股价达到一定的高度后以静观的策略为主。于是股价在一段三角区域内不断震荡，并且每一次回落的低点都在不断升高。直到市场资金大笔介入该股的时候，股价才开始大幅上涨。

　　下降三角形也同样是多空双方较量的结果。在上升三角形中，由于低点不断被抬高，看好后市的人越来越多，从而最终导致了股价的上涨。而下降三角形则是空方始终占据优势，股价不断创出新低，最终当大部分人看空后市行情的时候，也就避免不了股价的大幅下跌。

>>**要点解析**

1. 上升三角形

　　（1）上升三角形多形成于上涨行情中。虽然在股价上涨的时候所形成的最高点几乎处于同一水平面上（如图4-1中的"1"、"2"），但是回落时形成的低点却在逐步升高（如图4-1中的"3"、"4"）。如果将股价整体运行范围用直线描绘出来，就能勾画出一个向上倾斜的三角形，这也是称其为上升三角形的原因。

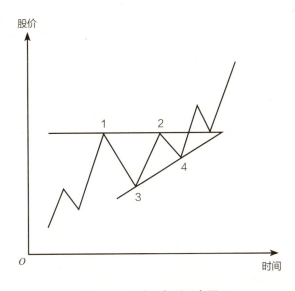

图4-1　上升三角形示意图

（2）在形成上升三角形的时候，大多数时间成交量会呈现萎缩的态势。但是就总体而言，上升过程伴随的成交量要比回落时的成交量少，直到正式向上突破的时候，成交量的萎缩态势才会被打破。如果没有成交量的配合，那么向上突破就有可能是假突破，此时不能认为其具有预测后市股价上涨的能力。

（3）一般情况下，股价向上突破三角形的时间越早，后市的上涨潜力就越大，而部分形成了上升三角形却迟迟无法突破的情况，很可能是庄家为了顺利出货而设置的多头陷阱。在这种情况下，股价后市多会形成双重顶形态，随后个股便会进入大幅下跌的趋势中。

（4）一般一只股票出现了上升三角形形态后，后市股价都会一路上涨，股民朋友可以将其视为典型的买进信号。在实际的股市投资过程中，股民朋友可以选择在股价突破了上档压力线、小幅回落后、再次创出新高时买进。

2. 下降三角形

（1）一般下降三角形多出现在股价下跌的过程中，股价创造的高点逐步下降，形成点位如图4-2中的"4""5""6"；每次下探的低点位几乎在同一个高度上，形成点位如图4-2中的"1""2""3"，从图形上看就形成了一个倾斜向下的三角形。

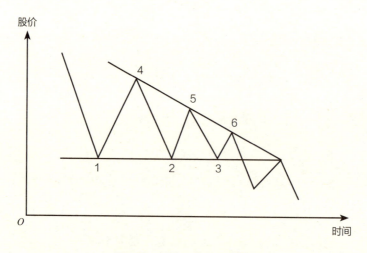

图4-2 下降三角形示意图

（2）下降三角形多是由于卖方的表现比较积极而形成的，市场抛出的情绪比较强烈，股价被不断地压低。

（3）反弹时成交量没有放大的迹象，而下跌时却比反弹时的成交量要大。

（4）下降三角形出现时，股民朋友不可贸然确定底部。在上升三角形中，如果股价发展到了三角形的尾部，并且成功突破，那么后市一般会出现上涨行情。但是在下降三角形中，如果股价跌破了最后的尾部，那么其后市可能会出现小幅下跌后反弹上涨，也可能会持续下跌。

（5）下降三角形形态被突破后，股价也会出现回抽的过程。一般回抽的高度出现在其股价低点连接的直线附近，在这个位置获利盘对后市看空，从而大量抛出持股就会导致股价持续大幅下跌。股民朋友如果遇到这样的情况，就应该在下降三角形形态的尾部及时卖出持股，以保证自己不会承受更大的损失。

>>实盘操练

在2014年12月初至12月末这段时间里，吉林化纤（股票代码：000420）形成了以震荡为主的走势。在震荡的过程中，该股形成的高点在不断降低，而低点却一直处于同一水平线上，股价整体运行趋势形成了下降三角形的雏形。此时我们再来观察该股的成交量变化，可以发现，在下降三角形构筑的这段时间里，该股成交量呈现出了不断萎缩的态势，以此可以判定该股确实形成了有效的下降三角形，后市股价将会进入一段下跌行情中。

2014年11月28日，该股最高价为6.17元；但是在下降三角形形成后，截至2015年1月19日，其最低价下滑到4.69元，其间跌幅达24%。如果股民朋友没有及时套现逃离，就会蒙受一定的损失（如图4-3所示）。

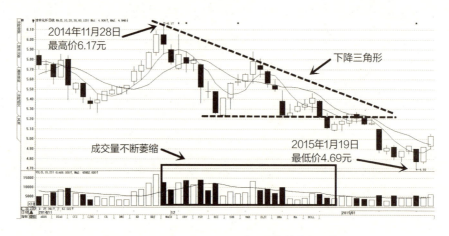

图4-3 2014年11月至2015年1月吉林化纤K线图

>>巩固练习

问题1：

在2014年12月至2015年2月中旬这段时间内，泰达股份（股票代码：000652）形成了什么样的K线形态？对该股有着怎样的意义（如图4-4所示）？

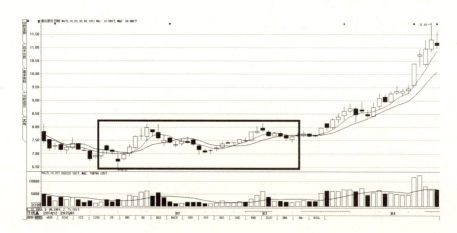

图4-4 2014年12月至2015年4月泰达股份K线图

在2014年12月至2015年2月中旬这段时间里，泰达股份的股价运行趋势成了上升三角形形态，并且在股价向上突破三角形上边界线的时候，成交量能够有效放大。因此，可以确认该上升三角形有着促进该股股价上涨的作用。从图4-5中可以看到，2015年1月19日，该股最低价仅为6.37元；但是到了2015年4月13日，其最高价已经上涨至11.91元，其间涨幅达86.97%。

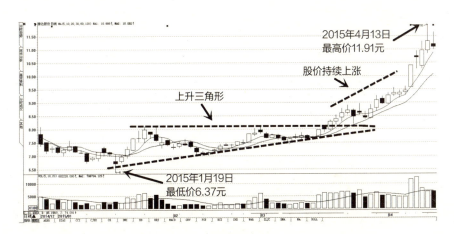

图4-5　2014年12月至2015年4月泰达股份K线图

问题2：

图4-6中标注的部分是上升三角形吗？如果不是，请说明原因。

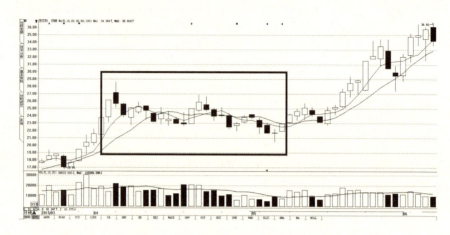

图4-6 2015年3月至6月苏交科K线图

答案：

图中标注的部分不是上升三角形。从图4-7中可以看到，将股价震荡时期的最高点与最低点连线，可以绘制出一个向下倾斜的三角形，这与上升三角形的低点几乎在同一水平线上、高点逐步升高的特点不符（如图4-7所示）。

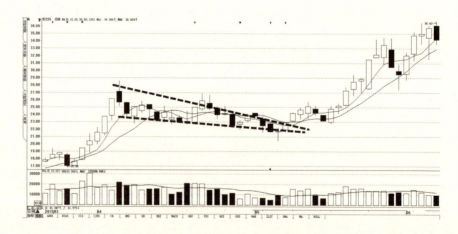

图4-7 2015年3月至6月苏交科K线图

第二节　上升楔形和下降楔形

>>概念精读

　　楔形也是股市中比较常见的K线形态，它与整理形态中的三角形类似，但是其具备的意义却与三角形完全不同。

　　从楔形的本质上讲，不管是上升楔形还是下降楔形，都代表着个股即将打破原本的整理形态，从而进入新的走势中。如果股民朋友能够抓住这一特点并加以利用，那么就能在个股走向趋势即将发生逆转的时候，捕捉到最佳的买卖时机，避免出现错买错卖的情况。

>>要点解析

1. 上升楔形

　　（1）股价经过一段时间的下跌后，在底部转向变为震荡回升，并且震荡的幅度越来越小。如果将这段震荡时期中形成的高点与低点连成一条直线，这两条直线能够画出一个三角形，那么就形成了上升楔形的雏形（如图4-8所示）。

　　（2）具体来说，上升楔形可以分为持续楔形及逆转楔形两种。

　　（3）如果在形成上升楔形的过程中，在股价向上震荡的同时，成交量有所放大，那么就形成了持续楔形（如图4-9所示）。

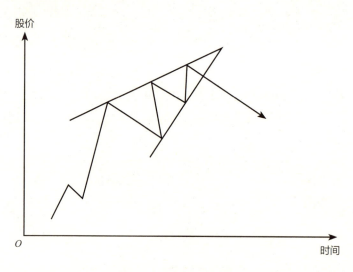

图4-8　上升楔形示意图

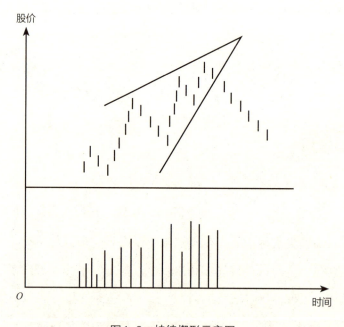

图4-9　持续楔形示意图

（4）如果在股价向上震荡的同时，成交量持续减少，那么就形成了逆转楔形（如图4-10所示）。

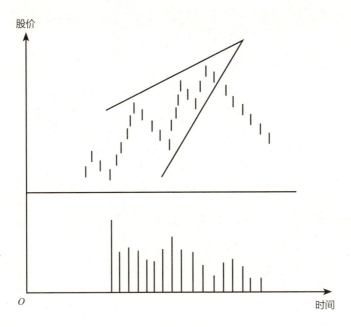

图4-10　逆转楔形示意图

（5）不管是哪种楔形的出现，通常都意味着后市个股将进入下跌行情中。因此，股民朋友可以将其视为一种看空信号。

（6）通常上升楔形形成之后，股价以往下突破的情况居多，不过也有向上突破的可能，但从股市的历史数据来看，这种情况发生的可能性非常小。在个股形成上升楔形形态的时候，成交量变化表现为逐步放大，并且在向上突破的时候放出了巨量，就可以认为其后市趋势是向上运行。但需要再次强调，这种情况发生的可能非常小。

2. 下降楔形

（1）与上升楔形相对应的是下降楔形。当股价经过一段时间的上涨之后，从高位向下跌落，当跌落幅度达到一定程度之后，股价再次回升形成反弹行情，但是未回升至上一次高点的位置便再次回落。每一次回落、回升所创造的低点与高点都比上一次低，这样就形成了下降楔形（如图4-11所示）。

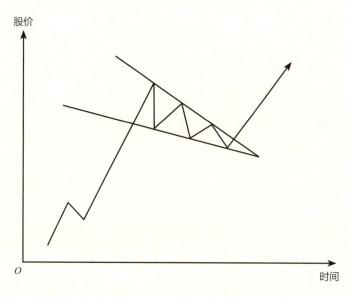

图4-11　下降楔形示意图

（2）一般来说，下降楔形多为庄家洗盘所用的手段。在股价上涨的时候，庄家操控股价突然回落，是为了使部分股民萌生恐惧心理。随着股价重心的不断下移，股民的恐惧感也越发严重，最终在这种情绪不断蔓延的时候，纷纷离场。而庄家则在洗盘过后，重新操控股价不断上攻，吸引新的市场资金。

（3）股民朋友遇到下降楔形形态的时候，可以选择按兵不动，也可以选择高抛低收。如此应对，即便庄家操控手法再好，也拿股民无可奈何。但是需要注意的是，在下降楔形形成的过程中，如果成交量不断萎缩或者形成的时间过长，就说明很可能是庄家操盘失败，后市的发展也就不可预测，此时股民朋友最好的操作策略就是暂时离场观望，以规避风险。

在2013年11月至2014年2月中旬这段时间里，永新股份（股票代码：002014）呈现出震荡上升的运行趋势，并且每一次震荡的高点与低点都比上一次高，形成了上升楔形形态。在股价震荡上升的过程中，该股成交量持续放大，以此可以推断该股形成的是持续楔形，虽然有着成交量的支持，但是后市难逃下跌的厄运。

2014年2月17日，该股最高价为9.08元；截至4月29日，其最低价已经下跌到了6.71元，跌幅达26.10%。由此可以看出，在遇到上升楔形时，如果股民朋友没有风险意识，只是盲目等待股价继续升高，那么最终换来的很可能是巨大的损失（如图4-12所示）。

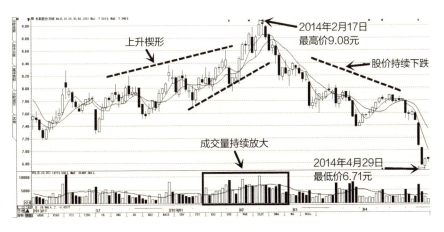

图4-12 2013年11月至2014年4月永新股份K线图

>>巩固练习

问题1：

试从K线形态角度分析华孚色纺（股票代码：002042）走势形成的原因（如图4-13所示）。

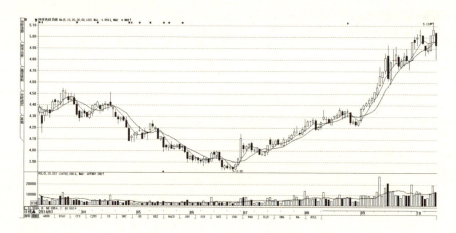

图4-13 2014年3月至10月华孚色纺K线图

答案:

在2014年3月至7月这段时间里,华孚色纺形成了向下震荡的走势,并且每一次震荡形成的高点与低点都比之前一次震荡的高点与低点低,再结合成交量缓慢放大的特征,基本可以判断出该股形成了下降楔形形态。2014年6月25日,该股最低价仅为3.82元,但是在下降楔形的支持下,截至10月16日,其最高价已经上涨至5.13元,其间涨幅达34.29%(如图4-14所示)。

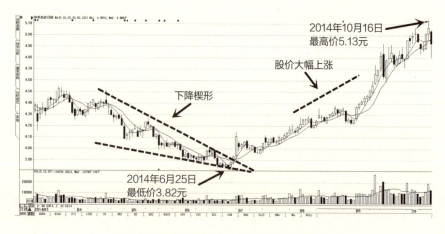

图4-14 2014年3月至10月华孚色纺K线图

问题2:

个股出现下降楔形的时候，股民就要立即买进。这样的说法对吗？如果不对请分析原因。

答案:

不对。下降楔形是主力的主要洗盘手段之一，目的是洗清盘中的浮筹，减少拉升时的阻力。当下降楔形形态形成时，股民朋友可以按兵不动，也可以采取高抛低收的操作。但是如果成交量出现了萎缩，那么就应该及时出逃。

第三节　上升旗形和下降旗形

>>**概念精读**

上升旗形与下降旗形也是股市中比较常见的整理形态。通常旗形走势在股市中具有比较强的预测能力。掌握了旗形的形态特征，股民朋友在股市中成功逃离的概率就会大大增加。

>>**要点解析**

1. 上升旗形

（1）个股经历了一段上升行情后，又以下跌的形式进行调整，并且反复形成这样的情况，我们将股价运行的轨迹以直线描绘出来，就能得到一个类似迎风飘舞的旗帜的形状，这也就是所谓的上升旗形形态（如图4-15所示）。

（2）当股价上涨到一定高度后，便会积累大量的获利筹码，庄家为了减轻后市上涨的压力，就必须采取一些洗盘的手段，这样才能达到获取暴利的目的。否则，这些低位获利盘会坏了庄家的好事，而上升旗形就是庄家洗盘采取的手段之一。

（3）纵观股市历史数据，部分涨幅巨大的牛股甚至妖股都形成过上升旗形形态。然而现实情况是，很多股民由于对这种技术形态不了解，误以为其出现就意味着股价已经失去了上涨的动力，从而错失套利的良机。从上述角度来说，认清上升旗形是股价上涨的标志，对于股民朋友来说是一件必须了解的事情。

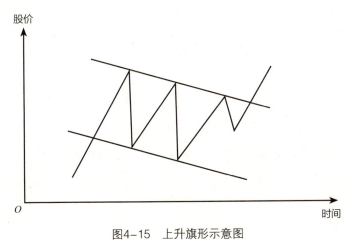

图4-15　上升旗形示意图

2. 下降旗形

（1）当个股的下跌趋势确认形成之后，在某一个支撑位附近的位置，股价走势会形成一种从左向右上方倾斜的平行四边形，这种形态就是下降旗形形态（如图4-16所示）。

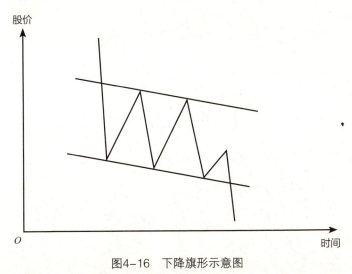

图4-16　下降旗形示意图

（2）下降旗形其实就是空方主力为了进一步打压股价而设置的多头陷阱。因此，在整理结束后股价仍然会保持原来的向下运行趋势；如果股民朋友在投资的过程中，看到股价在上涨就盲目买进，那么就有很大的可能落入主力布置的陷阱中。

>>实盘操练

2015年4月至5月中旬，广东鸿图（股票代码：002101）通过一段上涨后的震荡下跌构筑出了上升旗形形态。从图4-17中可以看到，在上升旗形形成的过程中，该股的最低价为24.20元；随后该股便开始大幅上涨，截至6月12日，其最高价已经上涨至40.46元，其间涨幅为67.19%。也就是说，如果股民朋友能够把握上升旗形的形态特征，并选择合适的时机介入，那么就能为自己带来丰厚的回报。

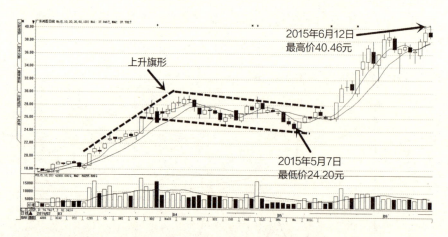

图4-17 2015年2月至6月广东鸿图K线图

>>巩固练习

问题：

试结合图4-18分析该股在下跌之前有怎样的征兆？

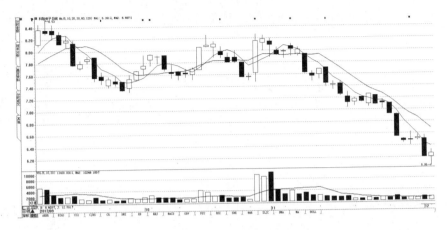

图4-18　2012年9月至12月科陆电子K线图

答案：

2012年10月至11月，科陆电子（股票代码：002121）在顶部区域形成了下降旗形形态。从图4-19中可以看到，2012年10月31日，也就是下降旗形即将完成的时候，该股最高价为8.25元，而到了12月4日其最低价已经下跌至6.06元。因此，可以说这一次下降旗形的出现，准确地预示了该股后市的下跌趋势。

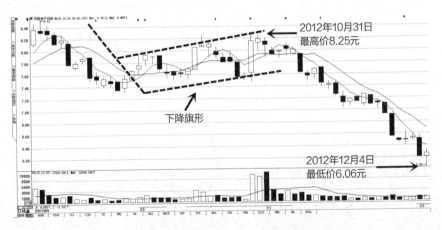

图4-19　2012年9月至12月科陆电子K线图

第四节　上升扇形和下降扇形

所谓的扇形是指在K线走势图上，股价的走势形成了两个或者多个对称上升的圆底。

扇形也是股市中非常典型的整理形态。这种形态体现在K线图上，呈现出两个或者多个对称的上升圆底，每个圆底之间可以有较小的间隙，也可以没有间隙，将两个或者多个上升圆底连接起来看，就好像一把展开的扇子，因此得名"扇形"整理形态（如图4-20所示）。

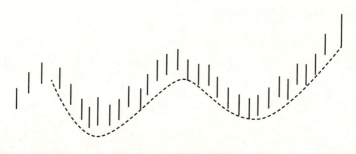

图4-20　上升扇形示意图

1. 上升扇形

（1）在上升扇形中，股价在每个圆底部位下跌的时候，成交量也随之下跌。随着股价在每一个圆形的后期的上升，交易量也会上升。简单来说，就是在股价形成多个圆形组成的扇形时，成交量也会呈现出相应的形态。

（2）通常圆形中的股价上升的价位会比原来的下跌的价位高一些，成交量也会增加一些。而新的圆形的低价要比之前的圆形的低价高一些，并且新的圆形的顶部也要比之前的圆形的顶部高。这样多个圆形在连接的过程中，逐级上升就形成了上涨的趋势。

（3）如果股民朋友在发现某只股票的股价在下跌一段时间后，出现了上升扇形形态，那么就可以考虑积极买进。

2. 下降扇形

（1）下降扇形是由两个或者两个以上的圆弧顶连接而成。股价在每个圆弧顶部位上升的时候，成交量也随着下跌。当股价在每一个圆形的后期下跌时候，交易量也会减少。

（2）新的圆形的低价则势必会比之前的圆形的低价更低一些，并且新的圆形的顶部也会比之前的圆形的顶部低。于是，股价在各个圆形的连接中，逐个向下递进，形成了下跌走势（如图4-21所示）。

图4-21　下降扇形示意图

（3）如果股民朋友在股市中遇到了下降扇形，尤其是股价在高位的时候出现这种形态，那么就应该提高警惕了，因为后市很可能会出现一波大跌行情，此时最好及时进行减仓甚至是清仓操作。

>>**实盘操练**

在2014年9月中旬至11月中旬这段时间里，福田汽车（股票代码：600166）的整体股价走势先后形成了两个圆弧底，并且第二个圆弧底出现的位置比第一个圆弧底要高，两者构筑出了上升扇形形态。在这种K线形态的支撑下，该股后市呈现出了持续上涨的态势。

2014年10月17日，福田汽车最低价仅为5.57元，但是在上升扇形的大力助抬下，截至12月17日，其最高价已经上涨至6.74元，期间涨幅达21%（如图4-22所示）。

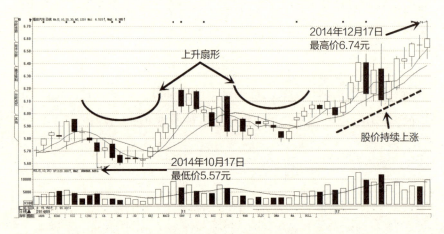

图4-22　2014年9月至12月福田汽车K线图

>>**巩固练习**

问题1：

在图4-23江苏吴中（股票代码：600200）K线走势图中是否存在下

降扇形？如果存在请在图中标注出来，并分析后市个股走势。

图4-23　2013年7月至9月江苏吴中K线图

答案：

江苏吴中K线走势图中存在下降扇形（如图4-24所示）。在下降扇形出现后，该股便开始持续下跌，如果该股成交量始终无法得到有效的放大，那么这种下跌趋势就可能会一直持续下去。

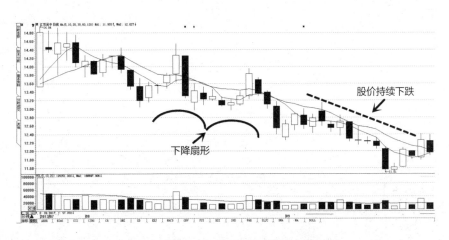

图4-24　2013年7月至9月江苏吴中K线图

问题2：

只要股价的走势形成了两个或者多个半圆形就可以称之为扇形吗？

答案：

在判定个股是否形成扇形的时候需要注意，不仅整体股价的走势需要形成两个以上的半圆形，成交量也应该随之形成类似的形状。简单来说，只有成交量与股价的走势同时形成扇形的时候，才可以称其为扇形形态。

第五节　矩形

　　在股市中，矩形是一种随处可见的整理形态，通常又被股民称为"长方形走势"或者"箱型走势"。相较于其他整理形态来说，矩形走势比较独特。

　　一般来说，通过一种整理形态预测出的后市走势比较单一。例如，某只股票的K线走势上形成了上升扇形，那么该股就极有可能在后市形成上升趋势；但是如果该股形成矩形形态，那么在股价突破矩形形态之前，我们无法轻易判断其后市的走势。因此，对于股民朋友来说，在遇到矩形形态的时候，最重要的事情莫过于判断股价突破的方向，从而准确地预测出后市个股的走向趋势。

　　1. 当个股欲构筑出矩形形态的时候，其股价会在一定的范围内上下波动，将这段时间内股价波动的轨迹勾画出来，就可以得到一个类似矩形的图像，这就是矩形形态（如图4-25所示）。

　　2. 如果将股价横盘阶段时出现的两个最高点"1"和"2"用直线连接起来，再把股价横盘时出现的两个最低点"3"和"4"也用直线连接起来，就得到了矩形的边框。

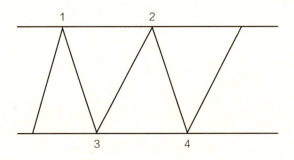

图4-25　矩形形态示意图

3. 当股价在矩形边框中运行的时候，如果上升到了矩形的上边线，就会如同碰到阻力一般回落下来，而当股价回落至矩形下边线的时候，又会因为受到一股支撑力而反转上升，直到再度碰到矩形上边线。如此反复，直到股价向某一方向突破边线的时候，方能停止循环。

4. 矩形形态运行到最终阶段的时候，需要根据当时多空力量的比例来决定其突破方向。在股价没有突破的时候，无法准确地判断出股价具体的突破方向。

5. 如果股民朋友遇到了矩形形态，首先要做的就是保持耐心。通常来说，当股价还在矩形范围内波动的时候，股民应尽量在场外观望，要想做这一点，就必须严格遵守之前制订的投资计划，不轻易去抢波动时产生的小额利润。很多股民朋友败于矩形形态面前，就是因为抵挡不住诱惑，在买入后，股价便突破下边线并大幅下跌，最终给股民朋友带来了惨痛的损失。

>>实盘操练

2013年11月末至2014年1月末，神州信息（股票代码：000555）的股价波动显得十分有规律，当股价回落至前一低点附近的位置时便会止跌回升；而当股价回升至前一高点附近的位置时，便再度回落。将该股形成的高点与低点连线，就能得到一个矩形。也就是说，该股形成了矩形形态。

从图4-26中可以看到，在维持了近两个月的矩形边框内的波动后，该股于2014年1月28日向上突破矩形上边线。对于股民朋友来说，长时间的等待在此时有了实际的意义，如果股民朋友能够在此时及时买进该股，那么就能在后市享受一段上涨行情，从而为自己带来收益。

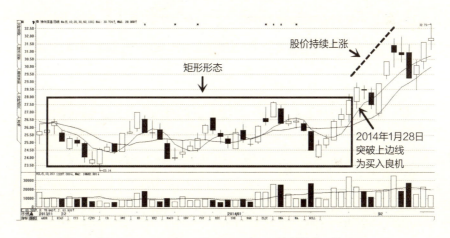

图4-26　2013年11月至2014年2月神州信息K线图

>>巩固练习

问题1：

当矩形形态形成之后，为什么要等到股价突破矩形边线的时候，再决定自己的买卖行为？

答案：

泸州老窖（股票代码：000568）在2014年8月中旬至9月中旬这段

时间里构筑出了矩形形态。从图4-27中可以看到，2014年9月16日，该股突破矩形下边线，此时股价最高为17.35元；而到了10月23日，其最低价已经下跌至15.33元。当股价在矩形边框内运行的时候，如果股民朋友急于买入该股，那么就会在后市遭受一定的损失。因此，遇到矩形形态的时候，最佳的买卖执行时机就是在股价进行突破的时候。

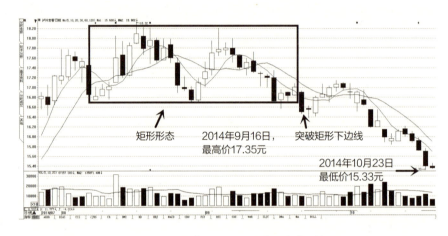

图4-27 2014年7月至10月泸州老窖K线图

问题2：

为什么股价在矩形边框内运行的时候不适合进行买卖操作呢？

答案：

从图4-28中可以看到，当友利控股（股票代码：000584）股价在矩形边框内运行的时候，股价的波动幅度比较小；但是当个股突破矩形下边线之后便开始暴跌。当股价还在矩形内部运行的时候，如果股民朋友介入该股，一旦出现操作失误，就会蒙受巨大的损失。而相比后市的暴跌行情，小幅波动能够产生的利润差几乎可以忽略不计。因此，当遇到矩形形态的时候，最好不要在股价进行波动的时候盲目介入。

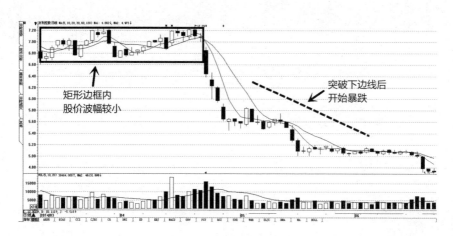

矩形边框内
股价波幅较小

突破下边线后
开始暴跌

图4-28　2014年3月至6月友利控股K线图

第五章

移动平均线

在股市中，利用移动平均线来判断股市运行的趋势是一种既简单又实用的技术分析方法。一般来说，移动平均线所表达的市场含义是非常容易理解的，通过对移动平均线的分析和研究，即便是新进股民也能较为容易地判断出个股或者大盘未来可能形成的走向趋势。

通过对移动平均线深入地进行研究分析就可以探索出市场的平均成本，对于精于股市的股民来说，这是非常重要的数据。如果能够参透市场中的绝大多数股民会在某个大致的位置做出抛出或者买入的举动，就能先人一步制定出合适的买卖策略。

第一节 移动平均线的分类

>>概念精读

一般来说，可以将股市中的移动平均线分为三大类：单根均线、组合均线和特殊均线组合。不同类型的均线有着不同的实际应用方式。单根均线多用来观察个股或者大盘在一段时期内的平均价格趋向；组合均线则能更加真实地反映市场的持股成本以及指数或者股价在一个周期内的变化情况；而特殊均线组合则能弥补普通移动平均线分析功能不足的缺陷，但是由于其具体实操意义不强，因此下文不做介绍。

移动平均线有着指导性功能，通过它能够分析出一段时间内大势的发展情况。因此，掌握移动平均线的本质及其在不同情况下具有的意义是股民不可忽略的一项技能。

>>要点解析

1. 单根移动平均线

（1）一般来说，单根移动平均线都是以日为周期，在特定需求下也可以以周、月、年为周期。如果以日为周期则可以将其分为短期、中期和长期均线。

（2）短期均线可以细分为3日均线、5日均线和10日均线（如图5-1所示），其中又以5日均线最为常用。

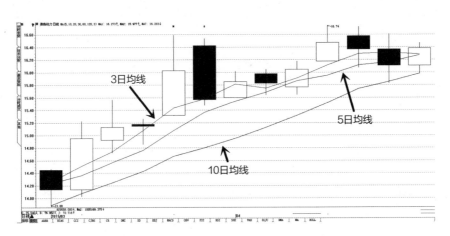

图5-1　3日、5日、10日均线示意图

（3）常用的中期均线有20日均线、30日均线和60日均线。其中又以30日均线为使用频率最高的均线，而60日均线则多用以辅助30日均线（如图5-2所示）。

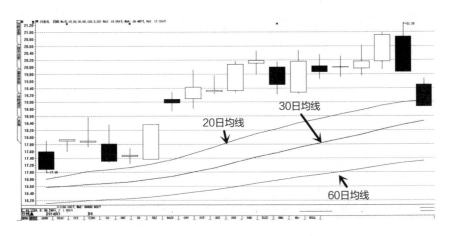

图5-2　20日、30日、60日均线示意图

（4）长期均线包括120日均线、150日均线、250日均线等，其中

经常被运用到的是120日均线和250日均线（如图5-3所示）。

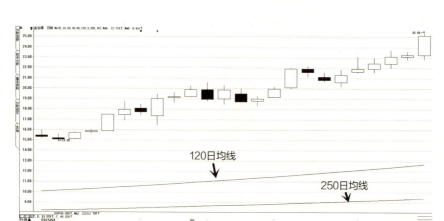

图5-3　120日、250日均线示意图

2. 普通组合移动平均线

（1）在股市中，如果仅凭单根均线来判断行情的演变，就很容易使研判结果出现较大的误差。因此，我们多是将几根均线组合起来使用（如图5-4所示）。

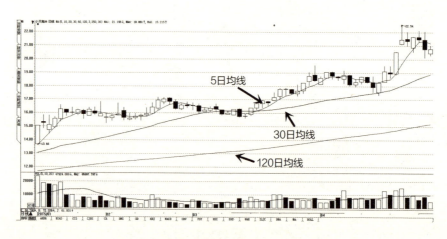

图5-4　均线组合使用示意图

（2）一般来说，常用的均线组合有如下四种：

①5日、10日、30日为短期均线组合；

②20日、40日、60日为中期均线组合；

③30日、60日、120日为长期均线组合；

④5日、30日、120日为混合型均线组合。

（3）不管是什么样的组合形式，我们将组合中时间周期最短的均线确定为短期均线，将时间周期最长的均线确定为长期均线，将时间周期居中的均线确定为中期均线。

>>实盘操练

在2014年2月至5月这段时间里，浙江震元（股票代码：000705）的股价呈现出波动上涨的特点。此时我们观察该股的5日均线，可以发现虽然股价整体呈上涨趋势，但是其5日均线却在十分频繁地波动。对于股民来说，这样的波动会使制定操作策略的难度增大。但是如果我们再结合30日均线来进行判断，那么事情就会变得非常简单。从图5-5中可以看到，该股同时期内，30日均线呈现出了稳步上升的态势。

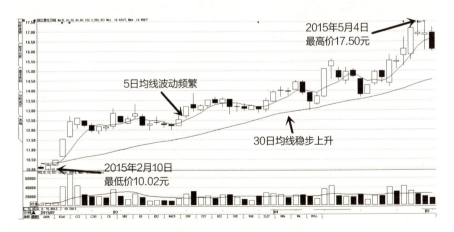

图5-5　2014年2月至5月浙江震元K线图

2015年2月10日，该股最低价仅为10.02元，经过一段时间的上涨，截至5月4日其最高价已经上涨至17.50元，其间涨幅达74.65%。如果股民朋友能够将5日均线与30日均线结合起来进行综合分析，那么就能轻松吃到这一波上涨行情。

>>巩固练习

问题1：

单根均线系统中，最常用的短期、中期、长期均线是哪些？

答案：

最常用的短期均线为5日均线、中期均线为30日均线、长期均线为120日均线。

问题2：

在各类均线组合中，我们如何进行短期、中期、长期的定义？

答案：

不管在什么样的均线组合中，时间周期最短的均线为短期均线，时间周期最长的均线为长期均线，时间周期居中的均线则为中期均线。

第二节 不可不知的三种均线

>>**概念精读**

　　股市中的移动平均线分类众多，其中最重要的有三种：5日均线、30日均线与120日均线。从大的层面来说，移动平均线可以被分为短期均线、中期均线和长期均线。在这三种均线类型中，5日均线、30日均线和120日均线分别为短期、中期、长期均线中的代表均线。

　　虽然每一种均线的运行周期都不相同，但是它们却有一个相同的特点：能预测股市的走向趋势。如果股民朋友能够在投资过程中充分利用移动平均线，就能够极大地增加自己获利的概率，实现在股市中套利的梦想。

>>**要点解析**

1.5日均线

　　（1）5日均线又被称为多方的护盘中枢。从股价的运行方向来说，可以具体分为向上突破5日均线与向下跌破5日均线。

　　（2）一旦股价跌破5日均线，就会严重影响股民的持股信心，从而引发大量恐慌性抛盘，股价随之大跌（如图5-6所示）。

图5-6　股价跌破5日均线示意图

（3）当股价向上突破5日均线的时候，说明在5个交易日内买进个股的股民均已获利，此时为了保住自己获得的利润，即便股价下跌至5日均线附近，多方也会进一步支撑。因此，当股价向上突破5日均线的时候是较好的入场时机（如图5-7所示）。

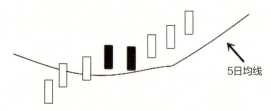

图5-7　股价向上突破5日均线示意图

2. 30日均线

（1）30日均线是股市中长期走势的分水岭，每当一轮走势结束后，如果股价能够向上突破或者向下跌破30日均线（如图5-8、图5-9所示），那么通常在后市个股会顺着突破或者跌破的方向形成一波中期行情。

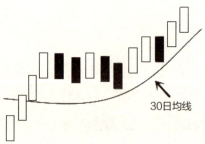

图5-8　股价向上突破30日均线示意图

图5-9　股价向下跌破30日均线示意图

（2）30日均线具有非常强的趋势性，不管是上升趋势还是下降趋势，一旦形成就很难在短时间内发生变化。

（3）当股价向上突破30日均线的时候必须有成交量放大的配合。有的时候虽然股价在向上突破30日均线的时候会回抽确认，只要股价没有回落到30日均线之下便是股民买入的最佳时机。

（4）不管是在向上突破的时候买入，还是在回抽确认的时候买入，只要股价发生了跌落，并且显示出走势疲软的现象，就应该止损出局。因为之前的上涨很可能只是下跌途中的中度反弹，后市该股极有可能会继续下跌一段时间。

3. 120日均线

（1）120日均线代表着120个交易日的平均交易价格。120个交易日相当于6个多月的时间，很多股民都认为这样的时间周期过于漫长，因而忽略了120日均线的指导作用。事实上，120日均线是股民不得不看的重要参考数据（如图5-10所示）。

（2）当股价在120日均线之下长时间运行一段时间后，部分股民会耐不住寂寞，从而等到股价小幅放量上涨的时候纷纷抛出手中持股。如果个股中有庄家的介入，那么这就是庄家在底部大量吸筹的绝佳机会。从长线角度来说，这部分抛售股票的股民实则错失了一次获利良机。

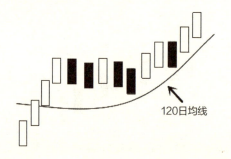

图5-10　股价向上突破120日均线示意图

（3）当股价在120日均线以上运行一段时间后，会有一个回抽120日均线的过程，我们可以认为这是庄家洗盘所导致的。遇到庄家的洗盘，股民朋友应该坚定持股，而不能因为庄家的"恐吓"就盲目离场。

（4）除了向上突破120日均线以及回抽以外，个股在运行的过程中还可能形成"假突破"现象。

（5）所谓的"假突破"是指股价在向上突破均线后，又在较短的时间内向下跌破均线（如图5-11所示）。这种形态的出现意味着后市股价还将大幅下跌，如果股民在股价向上突破120日均线的时候急于买进，那么就有可能受到假突破的影响，遭受损失。

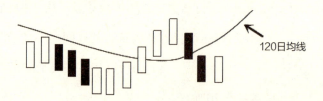

图5-11　股价假突破120日均线示意图

>>实盘操练

2013年6月3日，经过一段时间小幅上涨的白云机场（股票代码：

600004）的股价向上突破了120日均线。对于股民朋友来说，这仿佛是寒冬里的炭火，于是市场资金蜂拥而入，成交量直线上升。但是，这堆炭火还没引燃就立刻被第二日的交易泼上了冷水，3日买进的股民非但没有感受到温暖，反而被打入冰冷的深渊里。

从图5-12中可以看到，该股形成假突破现象后，股价便开始大幅下跌。6月3日时，该股最高价还维持在6.54元的位置上，但是到了6月25日的时候，其最低价已经下降到5.33元，其间跌幅达18.50%。如果股民朋友在股价向上突破120日均线的时候就盲目买进，那么在后市所面临的只有越来越大的亏损（如图5-12所示）。

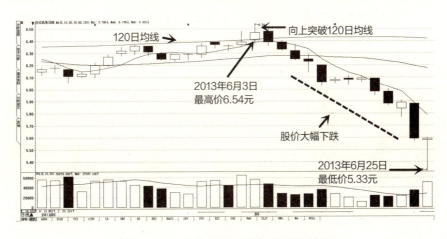

图5-12　2013年5月至6月白云机场K线图

问题1：

试分析图5-13中华能国际（股票代码：600011）的股价跌穿5日均线后依然能够持续上涨的原因。

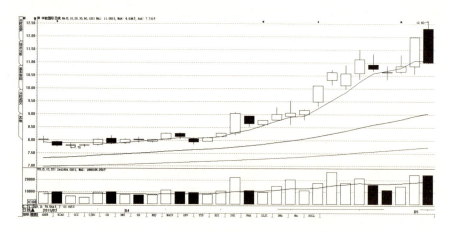

图5-13　2015年3月至5月华能国际K线图

答案：

虽然华能国际的股价在2015年4月9日向下跌穿5日均线，但是在30日均线的强力支撑下，股价很快就站回5日均线之上，并且一路上涨（如图5-14所示）。

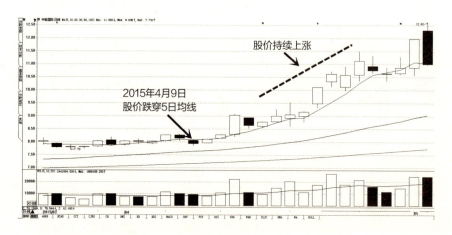

图5-14　2015年3月至5月华能国际K线图

问题2：

短线股民可以忽略中长期均线，只参考短期均线就可以，这种说法对吗？

答案:

在2014年12月9日至15日这段时间里，民生银行（股票代码：600016）的股价跌至5日均线以下，并且一直在5日均线以下运行。但是从走势图上可以看到，随后该股股价便重新上涨至5日均线之上，展开一段上涨行情。11月24日，该股最低价仅为6.13元，截至12月29日其最高价已经上涨至11.35元，其间涨幅达85.15%。如果股民朋友因为股价跌穿了5日均线就卖出持股，那么就会错失一段能够打开获利空间的上涨行情；但是如果此时参考了30日均线，那么就能坚定持股，从而使自己能够获得较多的利润（如图5-15所示）。

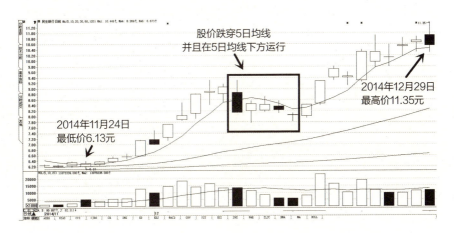

图5-15　2014年11月至12月民生银行K线图

第三节 上涨型均线排列

>>概念精读

上文中我们只谈到了单根均线的使用，但是股民朋友仅知道单根均线的使用方法是远远不够的。因此，本节讲解什么样的多根均线排列意味着后市将形成上涨行情，帮助股民朋友增加在股市中成功套利的概率。

>>要点解析

1. 多头排列

（1）多头排列是股市中典型的上涨型均线排列组合。

（2）均线的多头排列是指短期均线在最上方，长期均线在最下方，而中期均线在短期、长期均线之间，并且整体向上移动的一种排列组合方式（如图5-16所示）。

（3）一般情况下，如果在上涨的初期，均线系统就组合成了多头排列，那么就说明多方的力量非常强大，个股后市的高走趋势还将维持一段时间，股民朋友可以将其视为典型的买进信号。

2. 黄金交叉

（1）黄金交叉是指不同周期的两条均线的交叉关系。

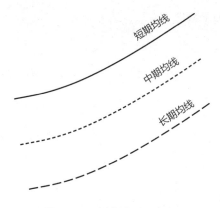

图5-16　多头排列示意图

（2）黄金交叉的具体形态为：短期均线由平走转变为向上运行，并且向上穿过中期或者长期均线，两条均线同时向上运行，这种交叉形式就称为黄金交叉（如图5-17所示）。

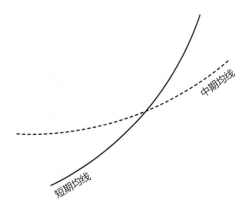

图5-17　黄金交叉示意图

（3）虽然黄金交叉的形态特征比较好理解，但是从理论上说，均线有任意多个周期，不同周期的均线在同一时间点上的交叉形态含义也不相同。

（4）两条时间周期较长的均线形成的黄金交叉要比两条时间周期较短的均线形成的黄金交叉的可信度高。

3. 首次黏合向上发散形

（1）不管是在因为下跌而到达底部位置，还是因为小幅上涨而到达中位，只要时间够长，那么个股的均线系统就可能产生黏合的现象。

（2）在股价长期横向运行后，短期、中期和长期均线容易形成黏合形态，而均线系统的第一次黏合后同时向上运行，就称为首次黏合向上发散形（如图5-18所示）。

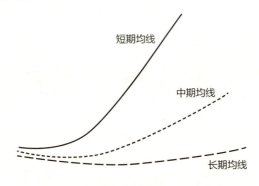

图5-18　首次黏合向上发散形示意图

（3）对首次黏合向上发散形要特别关注是不是"首次"。如果个股的均线系统经过了一段大幅震荡行情产生了一次黏合，随即在分开后再度黏合并向上发散，则不能称为首次黏合向上发散。

（4）首次黏合后的向上发散说明股价将持续上涨一段时间，是一种比较典型的上涨信号。

（5）首次黏合后向上发散的时候必须有成交量的配合，否则就有可能是庄家的诱多陷阱，如果股民在没有成交量放大配合的情况下介入将会面临巨大的风险。

4. 首次交叉向上发散形

（1）首次交叉向上发散形是指短期、中期和长期均线自下而上地从发散逐渐演变为交叉，随后再一齐向上发散的形态（如图5-19所示）。

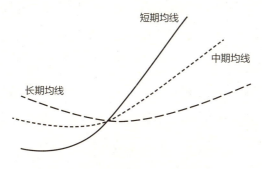

图5-19　首次交叉向上发散

（2）均线首次交叉向上发散形与均线首次黏合向上发散形具有相同的意义，可以将其视为买进信号。

（3）股民可以选择在均线系统交叉后向上发散的初期试探性买进，如果随后几日均线系统依旧能保持向上发散的态势，就可以积极做多。

5. 上山爬坡形

（1）短期均线在中期、长期均线的支撑下，沿着一定的角度向上缓慢波动，这样的均线组合形态就称为上山爬坡形（如图5-20所示）。

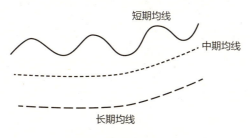

图5-20　上山爬坡形示意图

（2）上山爬坡形的出现意味着个股还有一定的上涨能力，股价将按照原有的运行方向继续移动一段时间。

（3）很多股民在遇到这种均线组合形态时，通常会因为上涨势头缓慢而认为个股后市的上涨潜力很一般。事实上，上山爬坡形的出现通常说明个股后市上涨的潜力非常大。

6. 神龙出海

（1）"神龙出海"的特征是：一根实体较大的阳线将短期、中期和长期均线全部吞没。由于这种形态的整体图像犹如出海神龙气吞山河一般，因此被形象地称为"神龙出海"（如图5-21所示）。

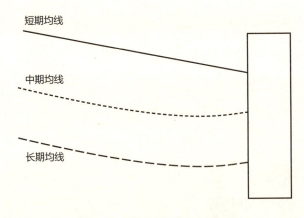

图5-21　"神龙出海"示意图

（2）从技术角度上说，"神龙出海"是较为典型的上涨信号。

（3）如果在"神龙出海"出现的时候，成交量能够有效放大则意味着介入个股的庄家已经掌控了足够的筹码，后市拉升行情指日可待。

（4）当"神龙出海"出现的时候，股民朋友可以果断控仓买进，在股价上涨的时候逐步增仓。此时千万不要做出逢高减仓的举动，如果抛出了手中的筹码，那么在短时间内就很难以更低的价格买进。

2014年12月22日，经过一段时间底部横盘的歌华有线（股票代码：600037）以13.22元的价格触底，随后经过小幅波动后，于2015年1月7日，5日均线向上穿过30日均线，形成了黄金交叉。在黄金交叉的支撑下，该股股价开始持续上涨，此时该股均线系统又形成了多头排列，呈上涨趋势。截至2015年3月24日，在黄金交叉与多头排列的双重肯定下，该股最高价上涨至28.72元，其间涨幅达117.25%。如果股民朋友能够在黄金交叉形成的时候就积极买进该股，那么就能在后市形成的上涨行情中获得丰厚的利润，从而大幅提升自己的获利空间（如图5-22所示）。

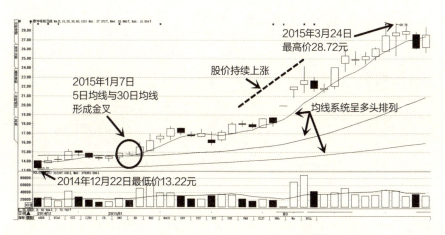

图5-22　2014年12月至2015年3月歌华有线K线图

问题1：

试分析图5-23中出现的均线形态。

图5-23　2014年7月至2015年6月青山纸业K线图

答案：

2014年8月末至9月初，青山纸业（股票代码：600103）的均线系统形成了首次黏合后向上发散的形态。在这种均线形态出现后，该股股价便从2014年7月21日的2.49元一路上涨至2015年6月15日的13.50元，其间涨幅高达442.17%（如图5-24所示）。

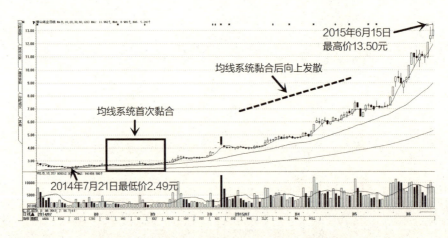

图5-24　2014年7月至2015年6月青山纸业K线图

问题2：

试分析图5-25中国际医学（股票代码：000516）的股价走势标注部分为哪种均线排列及其意义。

图5-25 2014年6月至10月国际医学K线图

答案：

图5-25中的均线为首次交叉向上发散形，通常情况下，这种均线排列的出现意味着后市个股将进入一段上涨行情中，该股的后市走势图像也印证了这一点（如图5-26所示）。

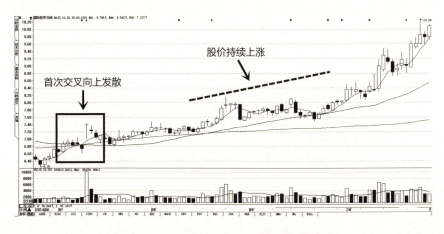

图5-26 2014年6月至10月国际医学K线图

第四节 下跌型均线排列

>>**概念精读**

　　下跌型均线排列是与上涨型均线排列相对应的均线排列。一旦出现下跌型均线排列，通常后市都会形成下跌行情。如果股民朋友能够掌握下跌型均线排列的使用技巧，就能及时规避风险，将自己的受损空间压缩到最小。

>>**要点解析**

1. 空头排列

　　（1）空头排列是指短期均线、中期均线和长期均线同时以圆弧状向下滑落。其具体分布形态为：长期均线在最上方，短期均线在最下方，中期均线在短期、长期均线中间（如图5-27所示）。

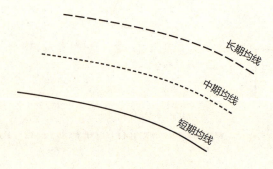

图5-27　空头排列示意图

（2）空头排列一般出现在一段上涨行情形成之后，它往往意味着后市个股或者大盘将进入下跌行情中。

（3）当个股均线系统形成了空头排列的时候，股民朋友一定不要轻易入市，因为后市下跌行情往往会持续一段时间。

2. 死亡交叉

（1）死亡交叉是指一根时间周期较短的均线自上而下地穿过一根时间周期较长的均线，并且两根均线同时向下移动（如图5-28所示）。

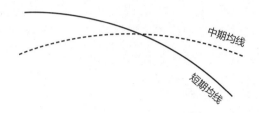

中期均线

短期均线

图5-28　死亡交叉示意图

（2）死亡交叉是非常典型的卖出信号，如果股民朋友遇到这种均线排列，应该及时卖出手中持股。

（3）通常情况下，相较于两条时间周期较短的均线来说，两条时间周期较长的均线所形成的死亡交叉具有更强的预测能力。

3. 死亡谷

（1）所谓的死亡谷是一种由三种均线组成的形态。死亡谷的具体形态为：短期均线向下穿过中期均线和长期均线，而中期均线则向下穿过长期均线，整体形成了一个类似尖头向下的不规则三角形（如图5-29所示）。

（2）一旦均线系统形成了死亡谷这种排列方式，就说明空方的力量已经非常强大，后市个股极有可能会出现下跌趋势，股民朋友可以将其视为卖出信号。

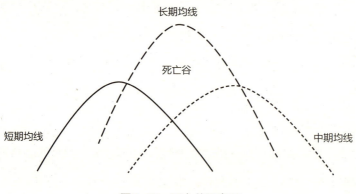

图5-29 死亡谷示意图

（3）死亡谷形成之前积累的涨幅越大，后市可能出现的跌幅就越大。当股民朋友发现这种均线排列的时候，如果前期个股已经积累了较大的涨幅，就应该立刻套现逃离。

4. 首次黏合向下发散形

（1）首次黏合向下发散形与首次黏合向上发散形相对应，两者之间虽有相同的特点，但是其所代表的含义却完全相反。

（2）首次黏合向下发散形是指因为某些特殊的原因，均线突然从黏合变为向下发散，短期、中期和长期均线呈现出明显的分离态势（如图5-30所示）。

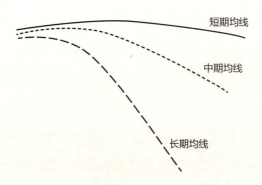

图5-30 首次黏合向下发散形示意图

（3）首次黏合向下发散形可以看作是空头排列的衍生体，两者都具备较强的助跌能力。因此当股民遇到这种均线排列形态的时候，应该及时套现离场，以规避风险。

5. 逐浪下降

（1）逐浪下降指的是短期、中期、长期均线以同时向下运行的排列态势组成的均线形态。逐浪下降的具体形态为：短期均线在中期及长期均线的限制下，以不断震荡的形态向下运行（如图5-31所示）。

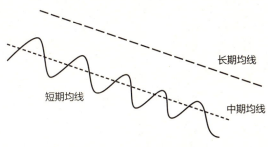

图5-31　逐浪下降示意图

（2）当逐浪下降这种均线排列方式出现后，就意味着股价虽然能够进行小幅度的反弹，但是由于多方的力量十分有限，因此整体下跌趋势在所难免。

（3）逐浪下降是非常典型的卖出信号，如果股民朋友在实战中遇到了这种形态，最佳的选择就是及时卖出持股，因为这种排列所带来的每日跌幅都不大，但是持续时间通常比较长，总体跌幅通过时间的积累自然会变得巨大。

（4）在逐浪下降出现后，股价很可能会随着一波反弹行情演变成止跌回升。股市中确实存在这样的情况，但是可能性非常小。

6. "断头铡刀"

（1）在股价下跌的过程中，突然出现一根巨大的阴线将短期、中期及长期均线全部吞没，这样就构筑出了"断头铡刀"（如图5-32所示）。

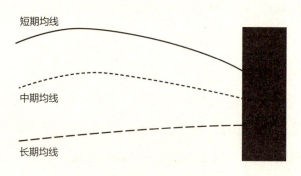

图5-32　"断头铡刀"示意图

（2）一般情况下，当大盘或者个股在上升或者横盘的过程中形成了"断头铡刀"，那么后市往往会经历一波下跌行情。

（3）如果股民朋友遇到了"断头铡刀"，一定要提高警惕，适当减少持股甚至是清仓出局。

>> 实盘操练

2013年10月23日，山推股份（股票代码：000680）收出一根大阴线，而就是这一根看似平淡无奇的阴线却决定了该股后市的走向趋势。

从图5-33中可以看到，在2013年9月11日，该股以4.85元的价格触顶后便开始在顶部区域震荡。直到10月23日，这种震荡局势被彻底打破，该股从高位震荡演变为持续下跌。而这一切的"罪魁祸首"就是23日这根以威猛之势吞掉该股整个均线系统，导致该股形成"断头铡刀"形态的大阴线。

经过"断头铡刀"的洗礼后，截至2014年4月28日，该股最低价跌至2.66元，其间跌幅达45.15%。如果股民朋友没有及时在"断头铡刀"形成的时候抛出手中的持股，那么就会面临很大的损失。

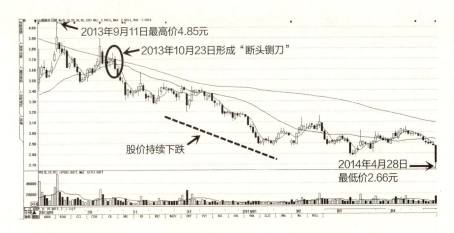

2013年9月11日最高价4.85元

2013年10月23日形成"断头铡刀"

股价持续下跌

2014年4月28日
最低价2.66元

图5-33 2013年9月至2014年4月山推股份K线图

>>巩固练习

问题1:

分析图5-34中恒天天鹅(股票代码:000687)股价形成了哪些均线排列,股民朋友应该如何应对这些均线排列。

图5-34 2012年6月至12月恒天天鹅K线图

答案:

2012年7月12日,恒天天鹅的30日均线向下穿过120日均线,形成了死亡交叉。可以说这是非常明显的警告信号，如果股民朋友没有及时抛出持股，会因为后市的逐浪下降的影响，蒙受巨大的损失。从图5-35中可以看到，在死亡交叉与逐浪下降双重打击下，该股一度从5.38元下跌到了3.21元，其间跌幅达40.33%。

图5-35　2012年6月至12月恒天天鹅K线图

问题2：

试描述死亡谷的形态，并在图5-36中标出来。

图5-36　2012年1月至7月双环科技K线图

答案：

短期均线向下穿过中期均线和长期均线，而中期均线则向下穿过长期均线，这样整个均线系统就形成了死亡谷（如图5-37所示）。

图5-37　2012年1月至7月双环科技K线图

第六章

MACD指标

有一定炒股经验的股民，几乎没有不认识MACD指标的。在众多技术分析指标中，MACD指标是当之无愧的王者。相对于其他技术分析指标，MACD指标在研判大势上具有更便捷、准确率更高的优点。

如果股民朋友能够熟练使用MACD指标，不仅能优化自己波段操作的能力，还能及时规避主力带来的风险。因此，MACD指标是众多新股民朋友不能不学习的一种技术分析指标。

第一节　拒绝金叉与拒绝死叉

>>**概念精读**

前文曾经讲解过均线的黄金交叉与死亡交叉，MACD指标也存在这样的形态，并且在实际操作的过程中，其意义基本与均线的黄金交叉和死亡交叉相同。与之相比，MACD指标还具有两种更为重要的形态——拒绝金叉与拒绝死叉。

拒绝金叉是由于指标线突然转向，从而导致黄金交叉形成失败；MACD指标的拒绝死叉，就是MACD指标在将要形成死亡交叉的时候，由于指标线的突然转向从而导致死亡交叉形成失败。

通常情况下，拒绝金叉可以被看成是一种非常强烈的卖出信号，而拒绝死叉则是一种非常强烈的买进信号。

>>**要点解析**

1. 拒绝金叉

（1）拒绝金叉是指MACD指标中的DIFF线下穿DEA线一段时间后，突然从向下的运行势头转变为向上运行，但是在即将向上穿过DEA线的时候又再次掉头向下运行的态势（如图6-1所示）。

（2）一般情况下，拒绝金叉可以被看成是一种典型的卖出信号，如果股民朋友遇到了这种形态，最佳的选择就是卖出手中持股，规避后市风险。

（3）如果拒绝金叉形成于下跌后的底部区域，或者在拒绝金叉形成后，个股MACD指标又形成了其他买进形态，那么股民朋友就可以根据实际情况试探性介入，避免错失抄底良机。

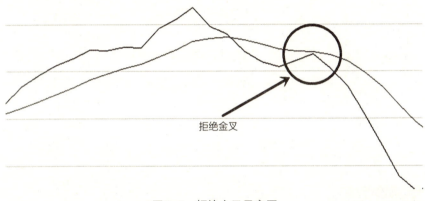

拒绝金叉

图6-1　拒绝金叉示意图

2. 拒绝死叉

（1）所谓的拒绝死叉是指DIFF线向上穿过DEA线后，突然从上涨势头转变成下跌势头，并且在即将向下穿过DEA线的时候再次转头向上运行（如图6-2所示）。

（2）一般情况下，当个股的MACD指标形成了拒绝死叉之后，后市往往会形成一波上涨行情，虽然上涨的幅度不一，但是最少也能达到之前的高点位置。

（3）在有庄家介入的个股中，如果股价在经过小幅上涨之后就突然形成了拒绝死叉形态，那么多半是庄家为了洗盘而刻意营造的拒绝死叉，此时股民朋友如果抛出了手中持股，就损失了一次套利良机。

（4）当拒绝死叉形成的时候，股民朋友最佳的买进时机就是DEA线反身向上的时候。

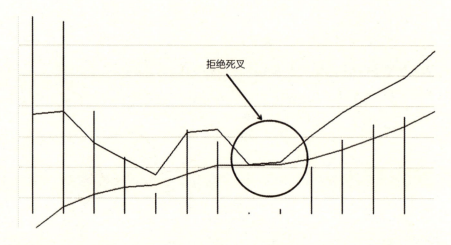

图6-2　拒绝死叉示意图

>>实盘操练

2015年5月29日，渝开发（股票代码：000514）的MACD指标的DIFF线由上升趋势突然转变为下跌趋势，并且试图向下穿过DEA线，此时股价也下跌到阶段性低点10.00元的位置。但是幸亏第二个交易日多方有力上攻，该股MACD指标才摆脱了形成死亡交叉的命运，最终扶摇直上，构筑出拒绝死叉这一形态。

从图6-3中可以看到，在拒绝死叉的有力支撑下，该股于6月19日上涨至17.20元，其间涨幅达72.00%。如果股民朋友能够及时发现该股形成了拒绝死叉形态，并且果断跟进，那么就能充分打开自己的获利空间。

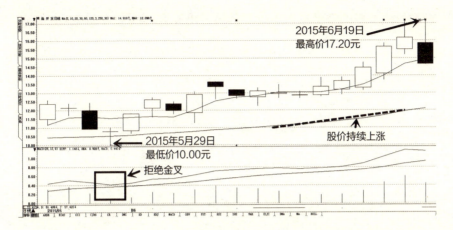

图6-3 2015年5月至6月渝开发K线图

问题1：

试分析图6-4中大通燃气（股票代码：000593）在形成下跌行情之前有怎样的征兆或者特征。

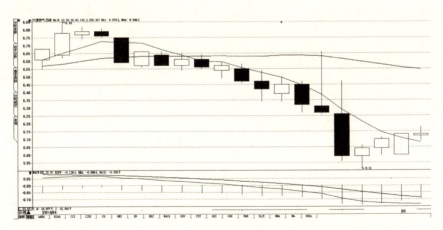

图6-4 2014年4月至5月大通燃气K线图

答案：

从图6-5中可以看到，大通燃气在形成下跌行情之前，其MACD指标曾形成了拒绝金叉形态，这一形态的出现直接预示着该股后市将形成下跌行情。

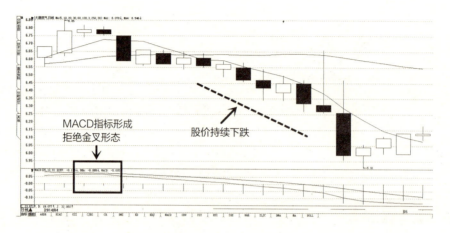

图6-5　2014年4月至5月大通燃气K线图

问题2：

在图6-6中，*ST蒙发（股票代码：000611）的MACD指标早以形成拒绝死叉的形式预示了2015年4月至6月的这波上涨行情，这种说法对吗？

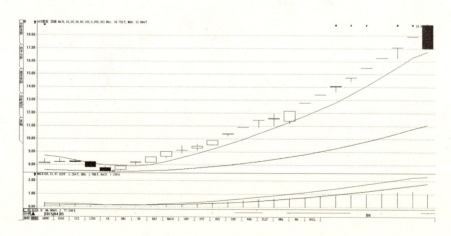

图6-6　2015年4月至6月*ST蒙发K线图

答案：

这种说法是错误的。如果我们仔细观察图6-7，就能发现实际上所谓的拒绝金叉并没有形成，该股MACD指标中的DIFF与DEA已经重合在一起，并不符合拒绝死叉的形成条件。

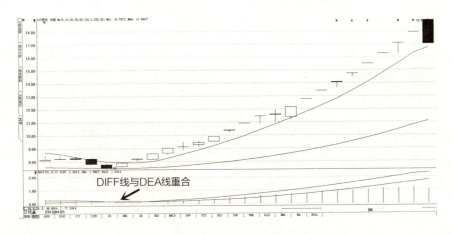

图6-7　2015年4月至6月*ST蒙发K线图

第二节 "空中加油"

>>概念精读

"空中加油"是MACD指标形成的一种较为特殊的组合形态，之所以称其为组合形态，是因为它和黄金交叉、死亡交叉这种单一交叉形式不同，它是由金叉、死叉通过一定的排列方式组合而成的。

在股市中，"空中加油"形成后，往往后市都会形成上涨行情。因此，股民朋友如果想要扩大自己的获利空间，就必须掌握这种形态的用法。

>>要点解析

1. 当DIFF线在0轴以上的位置向上穿越DEA线形成黄金交叉后，又在某一个位置向下穿过DEA线形成死亡交叉，就具备了构造"空中加油"这一形态的基础条件。

2. 如果在黄金交叉与死亡交叉都形成之后，个股的MACD指标再一次在0轴以上的位置构成黄金交叉，就产生了"空中加油"这一组合形态（如图6-8所示）。

3. "空中加油"并不是死板的单一模式，如果第一次形成的不是黄金交叉，而是拒绝死叉，那么也可以称为"空中加油"。

4. 一般在"空中加油"出现后，股价都会大幅上涨。因此，它可以作为一个非常强烈的买进信号。

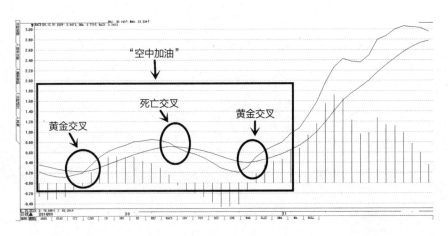

图6-8　"空中加油"示意图

2015年2月初至3月中旬，燕京啤酒（股票代码：000729）的MACD指标走势可谓是一波三折。该股MACD指标先是在0轴以上的位置形成了黄金交叉，随后又形成了死亡交叉，正当股民被这种大起大落的走势弄得晕头转向的时候，MACD指标却又一次完成了黄金交叉的构筑，至此，"空中加油"彻底产生，随后该股股价扶摇直上。

2015年2月9日，该股最低价仅为7.60元，经过"空中加油"不断的能量补充，截至4月17日，其最高价已经攀升至11.38元，其间涨幅达49.74%。如果股民朋友能够捕捉到该股形成"空中加油"的动态走势，那么就能轻松抓住一波上涨行情，从而为自己创造丰厚的利润（如图6-9所示）。

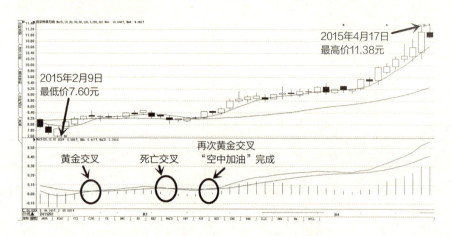

图6-9　2015年2月至4月燕京啤酒K线图

>>巩固练习

问题：

图6-10中MACD指标先形成了拒绝死叉，随后又先后形成了死亡交叉、黄金交叉，这样其整体走势还可以被称为"空中加油"吗？如果可以请说明理由。

图6-10　2015年2月至4月汤臣倍健K线图

答案：

黄金交叉——死亡交叉——黄金交叉只是"空中加油"的标准形态，从形态意义上说，拒绝死叉与黄金交叉基本相同，只不过预测能力不同。因此，问题中叙述的MACD指标整体走势可以被称为"空中加油"，该股后市股价的上升走势也证明了这一点（如图6-11所示）。

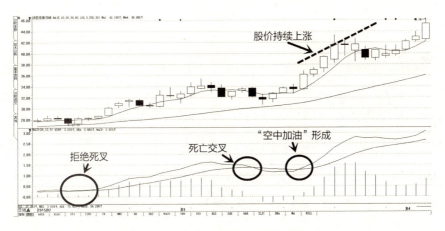

图6-11　2015年2月至4月汤臣倍健K线图

第三节　顶背离和底背离

>>**概念精读**

　　顶背离和底背离是股市中非常重要的两种形态，有经验的股民朋友一般都对MACD指标中的顶背离和底背离不陌生。底背离能为想通过抢短线反弹扩展获利空间的股民朋友提供一个良好的买入信号；而顶背离则能使股民朋友规避因"高台跳水"而被套在高位的悲剧。

>>**要点解析**

1. 底背离

　　（1）底背离是指股价出现两个或者三个近期的低点（如图6-12所示），DIFF指标与DEA指标形成的金叉并不配合股价出现的低点位置。

　　（2）这种情况说明空方真正能够向下做空的力量已经消耗殆尽。

　　（3）这时股价破位下跌产生的新低点，往往是空头陷阱。

　　（4）股民朋友可以将底背离视为买入信号，进行短线操作。

2. 顶背离

　　（1）顶背离与底背离相反，股价创造的新高点总比前一相对高点高（如图6-13所示）。

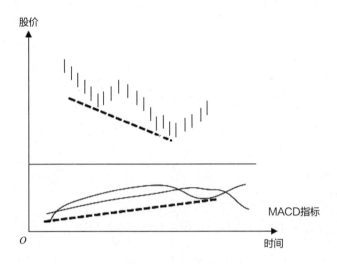

图6-12　底背离示意图

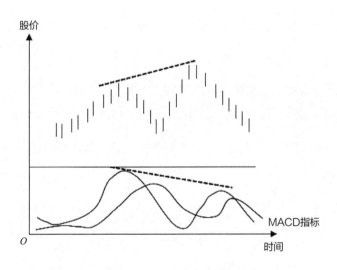

图6-13　顶背离示意图

（2）DIFF指标和DEA两条曲线所形成的交叉点一点比一点低。

（3）顶背离的出现意味着股价原有的运行趋势即将发生转变，并且会深幅下跌。

（4）股民朋友在遇到顶背离的时候应该提高警惕，进行减仓操作。

（5）如果股价与MACD指标之间发生了两次顶背离现象，那么股民朋友就要及时抛出筹码，清仓离场，因为连续的顶背离通常都意味着股价将会一跌再跌。

>>实盘操练

在2014年3月末至5月初这段时间里，奥克股份（股票代码：300082）的股价在震荡的过程中，重心不断下挫，并且每一次震荡形成的低点都比上一次低，但是其MACD指标形成的低点却在不断升高。由此可以说，股价走势与MACD指标的走势形成了底背离这种技术形态。

从图6-14中可以看到，在底背离形成之后，该股曾以4.97元的价

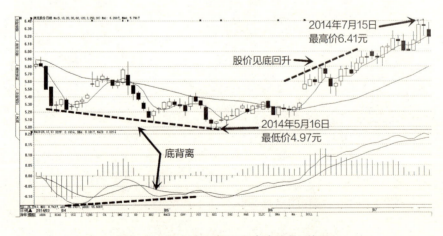

图6-14　2014年3月至7月奥克股份K线图

格创造出了相对低点。由于有底背离的支撑，截至7月15日，其最高价已经上涨至6.41元的价格，其间涨幅达28.97%。如果股民朋友能够及时捕捉到底背离的形成，那么就能从容吃到一段上涨行情。

>>巩固练习

问题1：

图6-15中标注的区域是底背离吗？

图6-15　2014年4月至10月向日葵K线图

答案：

有时虽然股价没有创造出新低点，只是与之前一次低点持平，但是DIFF指标与DEA指标在0轴之下形成的交叉点仍旧一次比一次高，这种现象也属于底背离现象（如图6-16所示）。

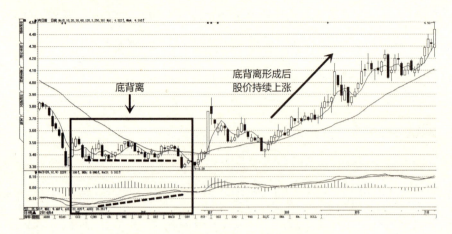

图6-16　2014年4月至10月向日葵K线图

问题2：

图6-17中的股价与MACD形成了怎样的形态？这种形态的出现意味着什么？

图6-17　2014年1月至4月万讯自控K线图

答案：

2014年1月至2月，万讯自控（股票代码：300112）的股价与MACD指标形成顶背离形态。并且在顶背离形成后，该股股价开始大幅下跌。2月24日，该股最高价为12.02元，截至4月28日，其最低价已经下降至6.92元，其间跌幅达42.43%（如图6-18所示）。

图6-18　2014年1月至4月万讯自控K线图

第四节 双线合一

>>概念精读

顾名思义，MACD中的双线合一指的是DIFF线与DEA线重合。在实际应用过程中，要想熟练掌握这种形态，还需要一定的基础知识储备。在不同位置形成的双线合一具有不同的名称和意义。具体来说，可以将其分为"山谷底""安全区"和"半山腰"。

利用MACD指标的双线合一是一种较为安全的选股方法，并且由于双线合一具有简单易懂、实用性高、预测能力较强等优点。因此，不管是对有炒股经验的老股民，还是零基础的新股民，双线合一都是一种行之有效、参考价值较高的技术分析方法。

>>要点解析

1. 山谷底

（1）山谷底是指DIFF线和DEA线在0轴以下比较远的地方重合，这样的形态就好像两山之间的深谷一样，因此，将其形象地称为山谷底（如图6-19所示）。

（2）山谷底多形成于股价下跌至相对历史低位附近的位置，由于此时个股基本上已经将风险充分释放出来，因此，后市上涨的空间较大。

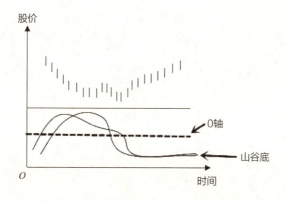

图6-19 山谷底示意图

（3）如果股民朋友在实际的投资过程中，发现DIFF线和DEA线在构筑出山谷底之后，又形成了向上的开口，那么就说明在后市较长的一段时间里，该股会形成中级上涨行情，甚至是长期上涨行情。

（4）对于中长线股民来说，山谷底可以被认为是一种买进信号。

2. 安全区

（1）当DIFF线与DEA线在0轴附近不远的地方形成了双线合一的时候，可以称其为安全区（如图6-20所示）。

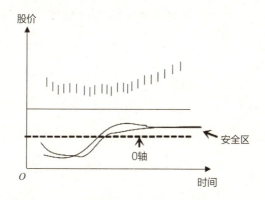

图6-20 安全区示意图

（2）安全区一般出现在股价已经小幅上涨，随后在中途横盘的位置，并且股价的上下波动幅度不会很大。

（3）在形成了安全区后，如果DIFF线与DEA线能够形成同时向上运行的趋势，那么就表明多方的力量正在逐渐变强，但是前期优势并不是十分明显，因此股价会缓慢、小幅上涨。

（4）炒中、长线的股民朋友可以将安全区的出现视为介入信号，虽然在一段时间内涨幅不会很大，但是风险相对更小，比较适合保守型的股民朋友。

3. 半山腰

（1）DIFF线与DEA线在0轴以上较远的位置形成双线合一，就是所谓的半山腰（如图6-21所示）。

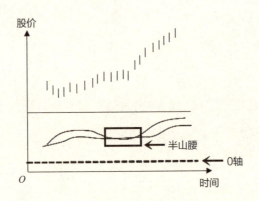

图6-21　半山腰示意图

（2）半山腰的出现，往往意味着多方已经积累了足够的力量，一旦半山腰由双线合一变成同时向上运行，那么后市个股就会进入一段涨幅较大的上涨行情中。通常在较短的时间内，股价就能上冲到一个较高的位置，对于短线股民来说，当双线向上运行的时候就是绝佳的买入时机。

（3）半山腰在带来巨大涨幅的同时也伴随着巨大的风险，一旦多方力量消耗殆尽，那么空方就会发起反攻，股价也就随之迅速下滑。

（4）股民朋友要想利用半山腰来扩展自己的获利空间，就必须学会快进快出，并且严格遵守制订的投资计划，一旦确认股价下跌，就必须立刻出局，不要贪图小利而冒巨大的风险。

>> 实盘操练

2014年5月至6月，宝利国际（股票代码：300135）MACD指标中的DIFF线与DEA线在0轴以下较远的位置重合，形成了山谷底，随后该股便以2.96元的价格触底。经过一段时间的小幅回升后，其MACD指标中的DIFF线和DEA线又在0轴附近的位置再次重合，形成了安全区。随后股价开始持续上涨，截至8月7日，其最高价已经上涨至4.31元，其间涨幅达45.61%（如图6-22所示）。

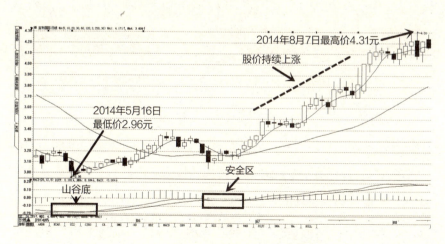

图6-22　2014年5月至8月宝利国际K线图

对于冒险型的股民来说，当个股形成了山谷底之后，并且DIFF线与DEA线开始同时向上运行的时候，就可以选择买进该股。而对保守型的股民来说，当安全区形成后，MACD指标中的DIFF线与DEA线构成向上的开口时，就可以放心购入该股，坐享一波上涨行情。

>>巩固练习

问题：

图6-23中标注位置的双线合一属于山谷底、安全区、半山腰中的哪一种？股民在遇到这种形态的时候应该制定怎样的操作策略？

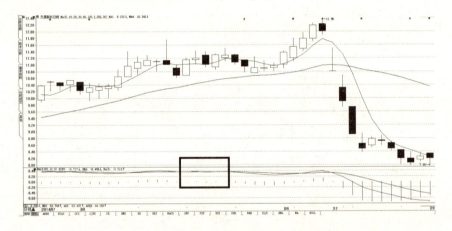

图6-23　2014年7月至12月天晟新材K线图

答案：

从图6-24中可以看到，天晟新材（股票代码：300169）的MACD指标形成双线合一的位置在0轴以上较远的地方，因此，可以判断其为半山腰。当股民遇到这种形态的时候，应该制定快进快出的操作策略。

该股在半山腰形成后，虽然在短时间内能够迅速上涨，但是自2014年9月5日起，便大幅下跌，此时该股最高价还为12.38元，2015年1月5日，其最低价已经下滑至7.98元，其间跌幅达35.54%。

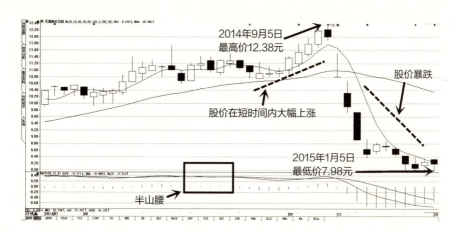

图6-24 2014年7月至2015年1月天晟新材K线图

第七章

KDJ指标

在股市中，除了MACD指标以外，KDJ指标也是非常重要的一种技术分析指标。同MACD指标一样，KDJ指标也具有简单、实用、准确率高的优点，也正是因为其具有上述优点，因此，受到了广大股民的喜爱。

KDJ指标不但能够从大波段的角度为股民提示逢低吸入的位置，还能从小波段的角度向股民指出合适的抢反弹的时机，从多个角度来帮助股民朋友扩大自己的获利空间。因此，利用KDJ指标寻找买卖点可以说是股民朋友入市后必须学习的一种技术分析手段。

第一节　时间参数与取值范围

>>概念精读

在KDJ指标的应用中，利用K指标和D指标的取值来寻找买卖点是一种十分简单的技术分析方法。一般来说，K指标和D指标的取值范围在0~100，实际应用时，可以将这个区间划分为三个区域，即超买区、平衡区和超卖区。在不同的参数标准范围内，这三个区域的取值范围也不同，下面将详细讲解如何根据参数设置来圈定区域，以及如何用K指标和D指标的值来确定买卖点。

>>要点解析

1. 时间参数为9天

（1）一般情况下，当KDJ指标的时间参数设置为9天的时候，70以上的区域可认为是超买区、30以下的区域可认为是超卖区，而30~70这部分区域可认为是平衡区（如图7-1所示）。

（2）当KDJ指标处于超卖区的时候，可以视为比较强烈的买进信号。

（3）当KDJ指标处于超买区的时候，可以视为比较强烈的卖出信号。

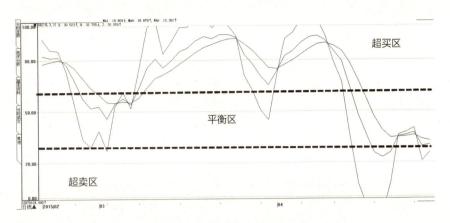

图7-1　时间参数为9天时的KDJ指标区域划分示意图

（4）如果整体投资环境属于多方市场，可以将50设置为回档支持线；如果整体投资环境属于空方市场，那么就可以将50设置为反弹压力线。

（5）单独就K值来说，当K值处于超卖极端值的时候，也就是K值即将变成0的时候，说明市场处于明显的弱势行情中，即便产生反弹行情，K指标反弹至20~25这一区域的时候，也会再次被拉回去。这种反抽的过程通常会花费2~4个时间段，对于短线操作来说，在这样的时间段内有一定的操作空间。因此，喜好挑战的股民朋友可以选择在这个时间段介入，进行短线操作。

（6）与K值相同，股民朋友也可以单独对D值进行分析，当D指标的值位于10~15的时候，就可以视为最佳的买入时机。

2. 时间参数为5天

（1）除了将KDJ指标的时间参数设置为9天外，将其设置为5天也是股市中较为常用的一种设置方法。

（2）一般情况下，当时间参数设置为5天的时候，认为80以上是超买区域、20以下是超卖区域、20~80为平衡区域（如图7-2所示）。

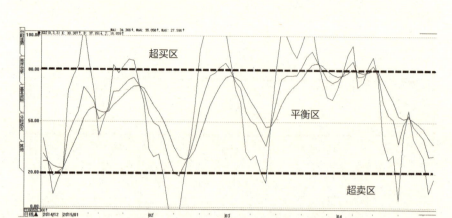

图7-2　时间参数为5天时的KDJ指标示意图

（3）时间参数设置为5天或9天，除了在三个区域的取值方面有所不同外，其他判断方式基本相同，比如KDJ指标在超卖区为强烈的买进信号，等等。

>>实盘操练

2015年1月中旬至2月中旬，随着中国石化（股票代码：600028）股价的下跌，其KDJ指标下降至30以下的超卖区域，这是一个较为明显的买进信号。从图7-3中可以看到，在该股KDJ指标进入超卖区域的时候，其股价也以5.44元的价格跌至相对低点的位置；随后该股进入一段上涨行情中，截至2015年4月28日，其最高价已经上升至9.16元，其间涨幅达68.38%。

通过研究中国石化这一段时间的KDJ指标走势可以发现，该股KDJ指标不但给股民提示了买进的信号，而且当个股攀升至高点、即将进入下跌趋势中的时候，KDJ指标也给予了一定的提示。当该股股价攀升至9.16元的时候，其KDJ指标也上涨至70以上的超买区。如果股民朋友能够熟练掌握KDJ指标取值的范围，那么就能在股价下跌之前及时卖掉持股，保住之前辛苦获得的收益。

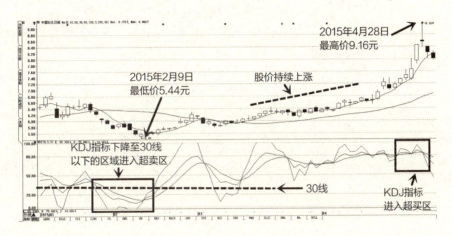

图7-3　2015年1月至4月中国石化K线图

>>巩固练习

问题1：

如果将KDJ指标的时间参数设置为5天，应该如何根据KDJ指标制定买卖策略？

答案：

当KDJ指标时间参数设置为5天的时候，80以上的区域可以视为超买区，也就是所谓的卖出信号；而当KDJ指标下跌至20以下的时候，则是买进信号。从图7-4中可以看到，当KDJ指标上升至80之后，该股股价便开始下跌，而当KDJ指标下跌至20以下的区域时，股价开始上涨。

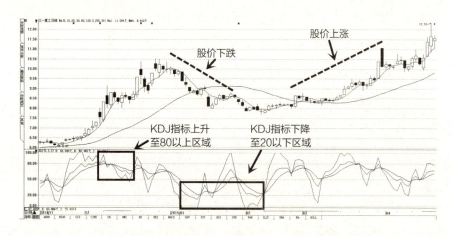

图7-4　2014年11月至4月三一重工K线图

问题2：

有人说，通过对图7-5中华润万东（股票代码：600055）的KDJ指标的分析，可以看出KDJ指标并不能及时反映股价的变化趋势，这种说法对吗？如果不对，请说明理由。

图7-5　2014年1月至11月华润万东K线图

答案：

在2014年1月中旬至2月中旬这段时间里，华润万东以多次冲击涨停的方式急速上涨，这就导致了该股的KDJ指标快速上冲至100附近的区域，此时KDJ指标已经发生了钝化现象，也就是由于股价上涨速率过快，导致KDJ指标无法及时做出反应。因此，该股KDJ指标才会无法正确预测后市股价运行趋势（如图7-6所示）。

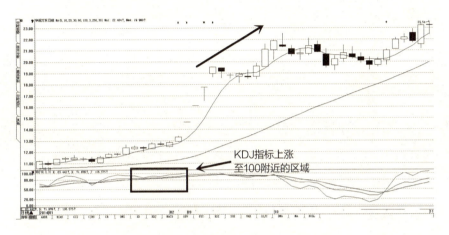

图7-6　2014年1月至11月华润万东K线图

第二节 形态掘金术

>>**概念精读**

　　提到K线，很多股民首先想到的就是各种K线组合形态，并且以这些形态作为后市股价变动的参考依据。事实上，这些形态不单存在于K线中，它们也藏身于KDJ指标中，只有掌握了足够的相关知识，才能发现这些藏身于KDJ指标的各种形态，并以此作为预测后市股价变动形态的参考依据。

　　如果股民朋友能够熟知KDJ指标中的形态特征和其所具备的意义，那么就能够依据其形态来进行买卖点的选择，从而在股市中获得收益。

>>**要点解析**

1. 圆底形态

　　（1）KDJ指标的圆底形态同K线中的圆底形态相似，也就是KDJ指标的整体走势形成一个类似开口向上的半圆形（如图7-7所示）。

　　（2）如果KDJ指标形成了圆底形态，那么多意味着股价即将见底，后市个股进入上涨行情的概率较大。股民朋友可以将圆底形态视为买进信号。

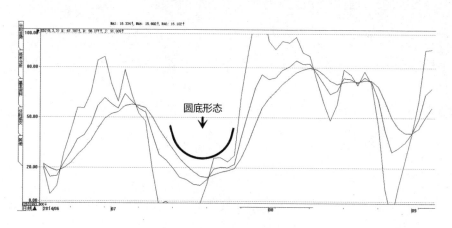

图7-7　圆底形态示意图

2. W底形态

（1）所谓的W底，指的是当KDJ指标上升到某一高度以后开始下滑，随后再度上升，但是无法达到之前的高点，便再一次下滑至和前一低点几乎水平的位置，随着KDJ指标的最后一次走高，形成一个类似英文字母"W"的走势，因此形象地称其为"W底"（如图7-8所示）。

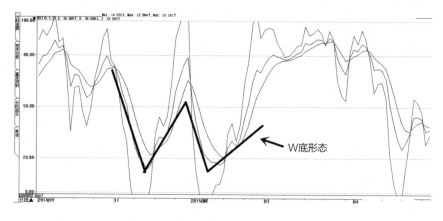

图7-8　W底形态示意图

（2）如果KDJ指标形成了W底，那么就意味着目前的下跌行情已经接近尾声，后市个股迎来一轮上涨行情的可能性非常大。

（3）W底形态可以作为一个买入信号，尤其是当股价已经下跌一段时间后，KDJ指标形成的W底形态很可能就意味着股价即将见底反转。

3. 圆顶形态

（1）圆顶与圆底相对应，所谓的圆顶是指个股的KDJ指标的走势形成了一个开口向下的半圆形形态（如图7-9所示）。

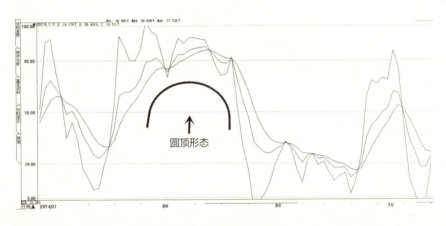

图7-9 圆顶形态示意图

（2）一般来说，KDJ指标形成圆顶后，个股的上涨行情会暂时告一段落，随之而来的往往都是下跌行情。股民朋友可以将圆顶形态视为卖出信号。

4. M顶形态

（1）从总体趋势上来看，M顶的走势规律与W底的走势规律完全相反，也就是KDJ指标先上升后回落一段距离，随后再度升高至前一高点附近的位置后，再一次下跌，构筑出一个类似于英文字母"M"的图像（如图7-10所示）。

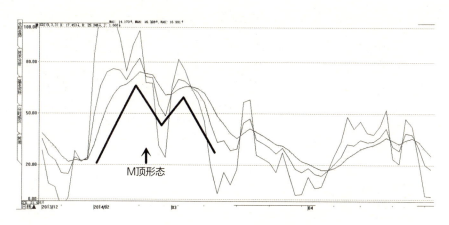

图7-10　M顶形态示意图

（2）在股市中，M顶是一种典型的反转形态。一般来说，当KDJ指标形成M顶的时候，通常预示着个股的股价会停止上涨，后市将进入下跌行情中。

（3）M顶形态可以作为一个卖出信号，尤其是当股价已经上涨了一段时间后，KDJ指标形成的M顶形态很可能就意味着股价即将见顶反转。

>>实盘操练

2015年1月初至2月初，五矿发展（股票代码：600058）的KDJ指标随着股价的波动规律形成了一个类似英文字母"W"的形态，也就是形成了W底。从图7-11中可以看到，经过W底的洗礼，该股股价呈现出快速持续上涨的态势，自2015年2月6日至4月2日，该股一度由13.93元上涨至24.22元，其间涨幅达73.87%。如果股民朋友能够及时发现这一现象，并且积极介入该股，那么就能从中获得丰厚的收益（如图7-11所示）。

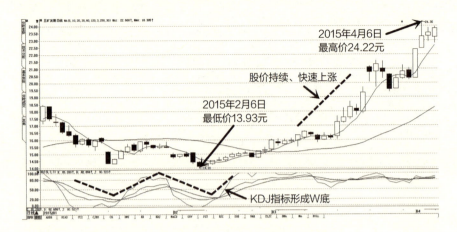

图7-11　2015年1月至4月五矿发展K线图

问题1：

在图7-12与图7-13中，华润双鹤（股票代码：600062）和广州发展（股票代码：600098）的KDJ指标分别形成了什么形态？这些形态的出现意味着什么？

图7-12　2014年12月至2015年8月华润双鹤K线图

图7-13　2015年2月至9月广州发展K线图

答案：

　　华润双鹤的KDJ指标形成的形态为M顶形态，而广州发展的KDJ指标形成的则是圆顶形态。虽然这两个个股形成的形态有所不同，但是都意味着后市个股将进入下跌行情中。因此，股民朋友在遇到这两种形态的时候，应该果断套现离场，以免被后市下跌行情波及，最终蒙受损失（如图7-14、图7-15所示）。

图7-14　2014年12月至2015年8月华润双鹤K线图

图7-15 2015年2月至9月广州发展K线图

问题2：

在图7-16中，兰花科创（股票代码：600123）的KDJ指标在2014年10月至11月形成了什么样的形态？这一形态对后市股价运行产生了什么样的影响？

图7-16 2014年8月至2015年1月兰花科创K线图

答案：

在2014年10月至11月这段时间里，兰花科创的KDJ指标形成了圆底形态。从图7-17中可以看到，在圆底形成后，该股股价便开始持续上涨。

图7-17　2014年8月至2015年1月兰花科创K线图

第三节 "K""D"交叉断涨跌

如果将KDJ指标中的K、D指标拆分出来，那么它们之间存在着许多和移动平均线相似的性质和特点。

通过K、D指标之间的交叉关系，我们可以推测出股价后市可能出现的运行趋势，并且其准确度相对较高。因此，对于股民朋友来说，要想真正掌握KDJ指标的用法，不但需要对其整体有一定的认知与理解，而且要把控得住其细节内容。

>>要点解析

1. K指标与D指标形成黄金交叉

（1）与移动平均线相似，K指标与D指标也能形成黄金交叉。在移动平均线中，短期均线向上穿越长期均线并同时向上运行就可以称为黄金交叉。而在KDJ指标中，当K指标自下而上穿越D指标，并且两个指标同时向上运行的时候，就形成了KDJ指标中的黄金交叉（如图7-18所示）。

（2）在不同区域形成的黄金交叉，其具有的意义也不相同。如果黄金交叉形成于超卖区，那么就可以将其视为较为强烈的买进信号；

如果黄金交叉发生在了超买区，就要密切注意黄金交叉出现后，两个指标的运行方向。

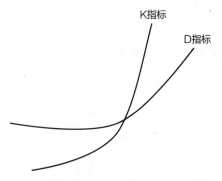

图7-18　K、D指标形成黄金交叉示意图

（3）如果K、D指标在低位区域形成了多次黄金交叉，那么越靠后形成的黄金交叉的可信度就越高。

（4）在不同市场行情中形成的黄金交叉，其具有的实际参考价值不同，并不是每一次KDJ指标的黄金交叉都代表个股具有足够安全的买进环境。

2. K指标与D指标形成死亡交叉

（1）当KDJ指标中的K指标自上而下穿过D指标，并且K、D指标发生交叉后同时向下运行，就形成了死亡交叉（如图7-19所示）。

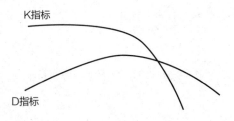

图7-19　K、D指标形成死亡交叉示意图

（2）在一般市场行情中，KDJ指标的死亡交叉多形成于超买区域，股民可以将其视为比较强烈的卖出信号。

（3）同黄金交叉一样，当KDJ指标在超买区域形成多次死亡交叉的时候，越靠后形成的死亡交叉的可信度就越高。

（4）满足（2）、（3）两个条件中的一种，就是比较强烈的卖出信号；如果两个条件都满足，那么就是非常强烈的卖出信号。

>>实盘操练

2015年5月11日，美尔雅（股票代码：600107）的K、D指标形成了黄金交叉，随后便一并向上运行。从图7-20中可以看到，在KDJ指标黄金交叉的支撑下，该股走出了一段上涨行情。2015年5月7日，该股最低价仅为12.10元，而到了5月25日的时候，其最高价已经上升至19.27元，其间涨幅达59.26%。

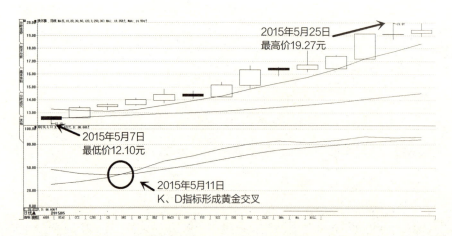

图7-20　2015年5月美尔雅K线图

>>巩固练习

问题1：

请说明图7-21中标注的部分是什么形态以及该形态反映出的后市

股价运行趋势是怎样的。

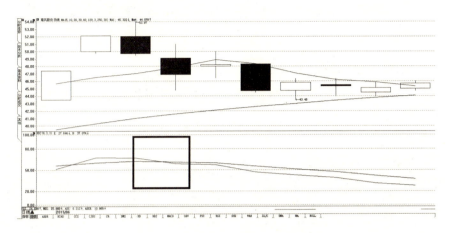

图7-21　2015年6月南风股份K线图

答案：

图7-22中南风股份（股票代码：300004）的KDJ指标形成死亡交叉后，该股股价便从2015年6月3日的最高价53.97元下跌至6月23日的32.97元。可见，该股KDJ指标的死亡交叉非常准确地预测出了其后市下跌趋势的出现。

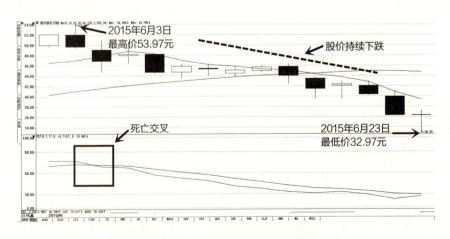

图7-22　2015年6月南风股份K线图

问题2：

当观察K、D指标的交叉形式时，还需要关注交叉发生的位置吗？

答案：

在观察金叉与死叉现象形成的同时，还要注意观察其发生的位置。如果金叉发生在超卖区，那么就是一种非常强烈的买进信号；如果死叉发生在超买区，那么就是一种非常强烈的卖出信号。

第四节　不可忽略的J指标

　　在KDJ指标中，除了K、D指标以外，J指标也可以被单独分析。要想真正掌握KDJ指标的用法，股民朋友就要对J指标有深刻的了解。本节着重介绍J指标。

1. J指标连续下行在0线以下的位置

　　（1）当股价积累了一定的跌幅之后，J指标有很大的概率会跌落到0线以下的位置（如图7-23所示）。

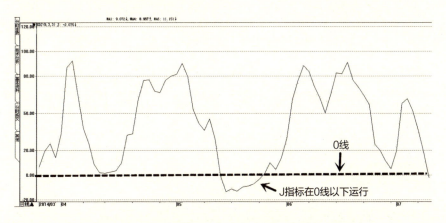

图7-23　J指标连续下行在0线以下的位置示意图

（2）这种情况的出现说明经过一段时间的下跌后，股价很可能会到达相对低点，也就是后市很可能会见底回升。

（3）J指标在0线以下的位置持续运行一段时间后，股民朋友可以选择试探性介入；当股价企稳回升的时候，便可以积极买进。

2. J指标连续上行在100以上的位置

（1）当个股积累了一定的涨幅之后，个股KDJ指标中的J指标有很大的概率会上升至100以上的区域，并在该区域中持续运行（如图7-24所示）。

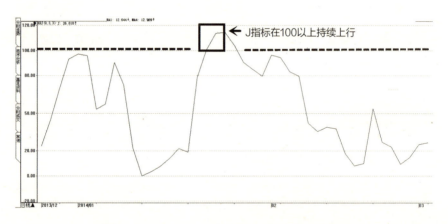

图7-24　J指标连续上行在100以上的位置示意图

（2）如果J指标攀升至100以上的区域，并且在该区域中持续运行，就意味着个股股价很可能会在后市到达相对高点，随后便会见顶回落。

（3）股民朋友可以将J指标在100以上区域持续运行这种现象视为卖出信号。

>>实盘操练

2014年12月中旬，经过一段时间的上涨，中海发展（股票代码：

600026）的股价到达了一个比较高的位置，其KDJ指标中的J指标紧随其后，也上升到了100以上的区域。通过之前对相关理论知识的学习，我们知道当J指标上升到100以上区域并持续运行的时候，说明个股后市有很大的概率会进入下跌行情中。

从图7-25中可以看到，该股J指标在100以上区域持续运行一段时间后，其股价在较短的时间内就进入一段下跌行情中。如果股民朋友没有及时收到J指标给予的警示信号，那么就容易蒙受损失。

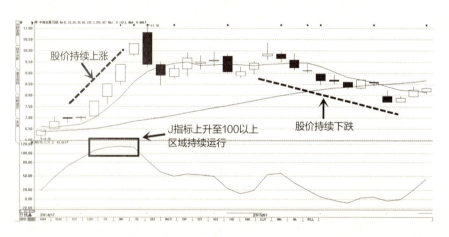

图7-25　2014年12月至2015年1月中海发展K线图

>>巩固练习

问题：

从图7-26中，我们可以看到在南方航空（股票代码：600029）股价见底回升之前，该股J指标已经提前发出了警示信号，试分析该股J指标是如何进行警示的。

图7-26 2015年6月至7月南方航空K线图

答案：

在经过一段下跌行情的洗礼后，南方航空股价下跌到了一个相对较低的位置，其J指标也随着股价的下跌，下滑到了0线以下的区域，并在该区域持续运行。如果我们能够及时捕捉到这一信号，并积极买进该股，那么就能从容吃到一波上涨行情（如图7-27所示）。

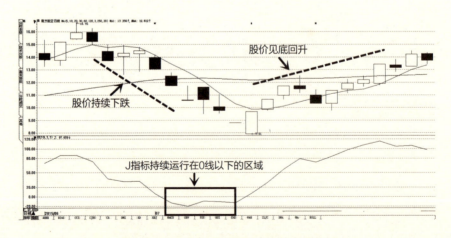

图7-27 2015年6月至7月南方航空K线图

第八章

其他技术指标

对于在股海中闯荡的股民来说，技术指标不仅发挥着指向标的作用，它有时还能在关键时刻成为股民的护身符。因此，要想在牛市中获得更多的利益、在熊市中保证自己全身而退，就必须对各种技术指标了然于胸。可以说，如果股民能够熟练地驾驭各种技术指标，那么就能在股市中极大地提高自己赚钱的概率。

第一节　能量潮

>>**概念精读**

能量潮指标也叫作OVB指标，它的理论基础是"能量是因，股价是果"，即股价的上涨要依靠资金能量的不断注入才能完成。能量潮能够判断股价什么时候会突破以及盘整后的突破方向，具有较大的实战参考价值。

>>**要点解析**

（1）能量潮指标是股市中较为重要的技术分析指标之一，其全称为累积能量线。一般来说，股价上涨的内在动力就是成交量，而能量潮指标就是根据这一特点被发明出来的。

（2）能量潮指标通常以"N"形走势为单位，也就是说，能量潮指标是以许多个"N"构造而成。当每一个"N"都比之前的高时，就被称为"上升潮"，而当每一个"N"都比之前的低时，则被称为"下跌潮"（如图8-1所示）。

（3）一般来说，当股价下跌，而能量潮上升；或者股价上升，而能量潮也在缓慢上升的时候，可以将其视为买进的信号。

（4）如果能量潮指标在底部区域长期横盘，突然在某一个交易日形成了快速高升的走势时，可以试探性买进个股。

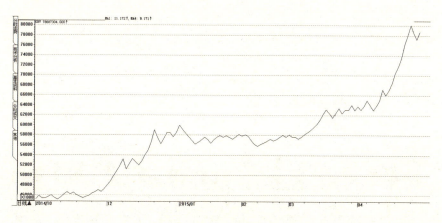

图8-1　能量潮示意图

（5）在股价创造出新高，但是能量潮却无法创高，甚至是越走越低的时候，股民应该尽快卖出手中持股，因为后市股价很可能因为没有成交量的支持而走进一段下跌行情中。

（6）当股价创造出新低，但是能量潮指标仅仅小幅下降，并没有创造出新低的时候，股民朋友可以适当买进该股。

>>实盘操练

2015年6月中旬华平股份（股票代码：300074）的股价经过一段时间的上涨后，于6月11日以26.58元的价格创造出相对高点。此时我们再观察该股的能量潮指标，可以发现在股价向上创造出新高点的同时，其能量潮指标却走上了下坡路，也就是说该股后市很可能会进入一段下跌行情中。

如果股民朋友没有及时发现该股能量潮指标的变化，就很可能会受到影响，最终蒙受一定的损失。从图8-2中可以看到，截止到2015

年8月3日，华平股份的最低价已经下跌至10.36元，与之前的26.58元相比，跌幅达61.02%。

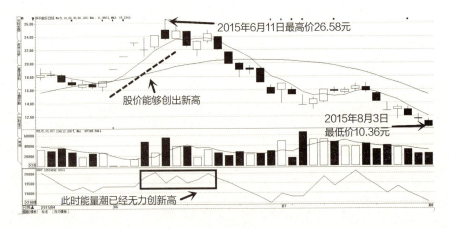

图8-2　2015年5月至8月华平股份K线图

>>巩固练习

问题1：

在股价上涨之前，该股的能量潮指标做出了怎样的提示信息（如图8-3所示）？

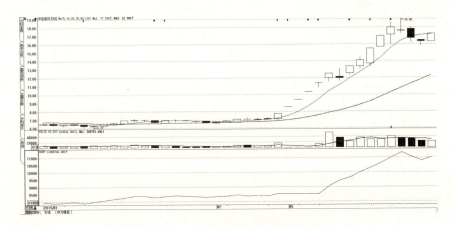

图8-3　2015年1月至5月华伍股份K线图

答案：

从图8-4中可以看到，在2015年1月初到4月末这段时间里，该股能量潮指标一直处于在底部区域横向运行的态势。直到5月份的时候，其能量潮指标突然形成了爆发式的上涨，股价随后也紧跟能量潮的步伐而不断上升。截止至5月21日，该股股价已经由1月15日的6.07元上涨至18.96元，如果我们能够把握住这一机会，就能充分提升自己的获利空间。

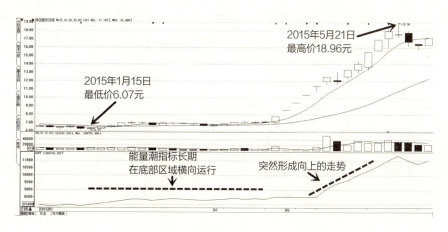

图8-4　2015年1月至5月华伍股份K线图

问题2：

当股价与能量潮指标行程如图8-5所示的走势时，我们应该如何进行操作？

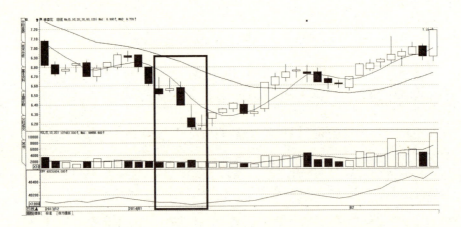

图8-5 2013年12月至2014年2月啤酒花K线图

答案：

首先从图8-6中可以看到，当该股股价大幅下跌的时候，其能量潮指标只形成了小幅下挫，这说明该股很可能会见底回升，因此，我们此时要做的应该是试探性买进该股，等到股价确定反转上涨的时候再积极买进。

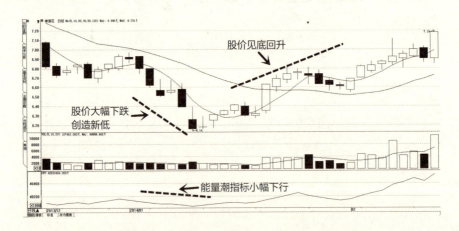

图8-6 2013年12月至2014年2月啤酒花K线图

第二节　威廉指标

在股市中，威廉指标最大的作用就是判断市场是处于超买状态还是超卖状态。通过对一段时间内最高价、最低价以及收盘价之间的关系的观察，经过一系列的计算就能够较为准确地判断市场是处于超买状态还是超卖状态，进而分析出在某一段时间内多空双方的力量对比。

在使用威廉指标的时候，首先要确定威廉指标的计算参数，这个参数可以采用一个买卖循环周期的半数。一般来说，威廉指标的买卖循环周期为8日、14日、28日或者56日，除去每周正常的两天休市时间，实际的交易日一般为6日、10日、20日或者40日，取其一半则为3日、5日、10日或者20日。在实际的投资过程中，应用最多的威廉指标时间参数为6日和10日。

对于股民朋友来说，虽然在用威廉指标判断出市场处于超卖状态还是超买状态后，还需要根据实际情况分析当前市场是空头市场还是多头市场，但是有了威廉指标指示的方向后，便能较为容易地制定出投资策略。因此，在实际投资过程中，威廉指标具有十分重要的实战意义。

>>要点解析

（1）具体来说，威廉指标由长期威廉指标和短期威廉指标组成，这样就保证了威廉指标在研判市场状态时的准确性（如图8-7所示）。

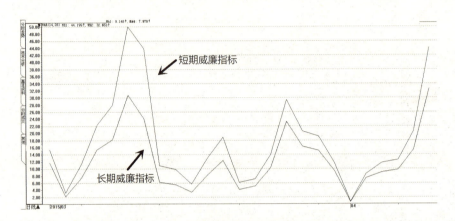

图8-7 威廉指标示意图

（2）当短期威廉指标小于长期威廉指标的时候，说明当前市场状态属于多头市场。

（3）当短期威廉指标大于长期威廉指标的时候，说明当前市场状态属于空头市场。

（4）黄金交叉也可以形成于威廉指标中。当威廉指标中的短期指标于低位向上穿越长期指标并共同上升的时候，就形成了威廉指标中的黄金交叉。威廉指标的黄金交叉可以视为一种买进信号，股民朋友此时可以积极买进该股。

（5）当威廉指标中的短期指标向下穿越长期指标的时候，就形成了死亡交叉。如果威廉指标形成死亡交叉后，共同向下运行，就意味着股价的下跌趋势还将持续，此时股民朋友应该卖出手中的持股，以免受损。

2015年2月末，中科英华（股票代码：600110）的威廉指标中的短期指标向上穿越长期指标，并且在一段时间内，短期指标能够维持在长期指标之上运行的态势。从上文中我们讲到的理论知识中可以知道，当威廉指标中的短期指标运行在长期指标之上的时候，说明此时处于多头市场，加之之前的黄金交叉的确认，后市股价多会形成上涨趋势。

2015年2月16日，中科英华最低价仅为6.24元，而到了3月23日，其最高价已经上涨至8.59元，其间涨幅达37.66%。至此，威廉指标预测出的上涨趋势确认形成。如果股民朋友能及时接收到威廉指标给予的信号，那么就能吃到一波上涨行情，从而扩展自己的获利空间（如图8-8所示）。

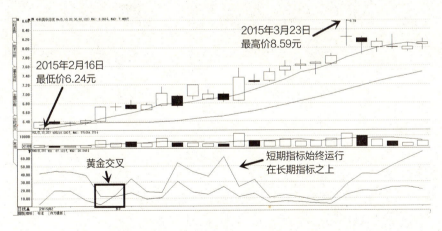

图8-8　2015年2月至3月中科英华K线图

>>巩固练习

问题：

作为了解了威廉指标使用方法的我们来说，当威廉指标形成了死亡交叉的时候应该如何应对？

答案：

从图8-9中可以看到，在威廉指标形成了死亡交叉后，股价便开始持续下跌，因此，当遇到威廉指标形成死亡交叉的时候，我们应该进行减仓操作，以减少损失、规避风险。

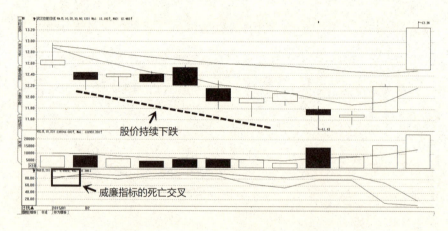

图8-9 2015年2月至3月中科英华K线图

第三节　宝塔线

宝塔线是股市中比较容易被股民忽视的一种技术分析指标，但是从其便捷、实用、准确性高等优点来看，宝塔线是股民不能不学习的一种可操作性非常强的技术分析指标。

宝塔线通过不同颜色的棒线来区分股价或者指数涨跌，如果股价正处于上涨趋势中，那么宝塔线就以红线表示（本书以白线代表）；如果股价正处于下跌趋势中，那么就以绿线表示（本书以黑线代表）。股民朋友通过对宝塔线的颜色变化规律的分析，就能较为轻松地判断出后市股价的大致变化状态。

（1）当宝塔线呈现红色之后，股价后市往往会有延伸出一段上涨行情的可能，股民朋友可以将这种现象视为买进信号。

（2）当宝塔线呈现绿色之后，股价后市往往会有延伸出一段下跌行情的可能，股民朋友可以将这种现象视为卖出信号。

（3）当股价在高位出现长绿线向下突破的时候，股民应果断套现逃离。

（4）当行情处于盘整阶段时，通常会出现小幅翻绿或者翻红的现象，股民可以忽视这种现象。

（5）宝塔线也可以设置时间参数，一般设置为3日或者5日。当收盘价高于之前3个交易日或者5个交易日最高价的时候，则是一种强烈的买进信号。

（6）当收盘价低于前3个交易日或者前5个交易日的最低价的时候，就可以将其当成卖出信号（如图8-10所示）。

图8-10　宝塔线示意图

>>实盘操练

华能国际（股票代码：600011）在经过一段底部横盘的行情后，宝塔线翻红，为买进信号，此时股民朋友可以选择买进。随后在经过一段上涨行情之后，宝塔线翻绿，为卖出信号，此时股民朋友可以择机卖出。当股价下跌了一段高度后，MACD指标出现金叉形态，股民朋友可以在这时积极买进。在经过一段时间的缓慢爬升后，股价向上发力，宝塔线此时拉出了一根长红线，此时的MACD指标也已经向上穿过0轴，并且形成了拒绝死叉形态，说明市场已经被多方控制住，也预示着后市将会转好，随后股价果然大幅扬升（如图8-11所示）。

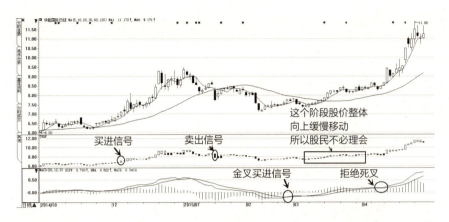

图8-11　2014年10月至2015年4月华能国际K线图

>>巩固练习

问题1：

宝塔线不同的颜色代表着什么？股民应该制定怎样的操作策略？

答案：

宝塔线以不同的颜色区分股价的涨跌趋势，当它翻红的时候就是买进信号，当它翻绿的时候就是卖出信号。

问题2：

以下选项中哪一个是正确的？

A.在使用宝塔线的过程中，结合K线或者其他技术指标进行分析

B.完全相信宝塔线，单独依据宝塔线的指示操作

C.完全忽视宝塔线，不将宝塔线纳入参考范围

答案：

A。

在使用宝塔线的过程中，无法完全杜绝骗线现象，因此，在实际的股市投资操作过程中，应该结合K线或者其他技术指标来分析，以便提高预测准确率。

第四节 多空指标

>>概念精读

judging判断出当前市场是属于多方市场还是空方市场，对于股民朋友来说是十分重要的一件事。在应用种种分析手段的时候，都需要先判断市场整体投资环境，因此，可以说判断市场整体状态是应用技术分析手段的前提。

在实际判断市场多空情况的时候，很多股民偏爱使用移动平均线来作为市场情况的分析工具，也就是通过设置不同周期的移动平均线来寻找多空双方留下的争斗痕迹，进而推导出市场状态。这样做不但需要处理的数据较多，并且不同周期的移动平均线之间的协调统筹也是比较难解决的问题。那么有没有一种方法能够较为简便地判断市场多空情况呢？

多空指标（BBI指标）就是综合多个移动平均线的数值，并且将这些数据进行平均处理的一种技术分析指标。在很大程度上，多空指标能够很好地统筹协调不同周期的移动平均线，也就是在整合移动平均线的优点的同时，又弥补了其缺点，从而使处理后的数据变得更加客观、准确。

对于股民朋友来说，多空指标是一种辅助的、弥补其他指标缺陷的重要技术分析工具，只有掌握了多空指标的使用方法，才能让自己的预测变得更为准确，最大化地降低风险出现的概率。

>>**要点解析**

（1）多空指标线是一种非常实用的技术分析指标。一般情况下，当股价处于多空指标线上方的时候，意味着当前市场属于多头市场，也就是说在多方的不断推动下，后市个股很可能会进入一波上涨行情中，股民朋友此时可以选择试探性介入，当确认个股正式变为上升趋势后，便可积极跟进。

（2）股价在多空指标线的下方运行时，说明当前市场属于空头市场，后市行情极有可能持续恶化，当空方不断发动攻势的时候，个股就有可能会进入一段持续下跌的行情中，此时股民可以选择适当减仓，以免在下跌趋势中受到更多的损失（如图8-12所示）。

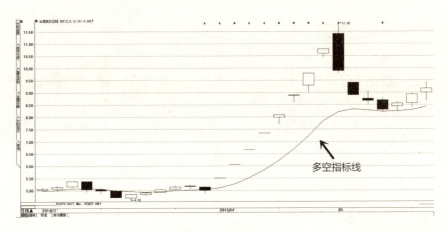

图8-12　多空指标线示意图

（3）一只股票的股价向上突破多空指标线后，有时股价会直接运行到远离多空指标线的位置。在这种情况下，第二天股价如果出现回抽现象，那么即使是运行在多空指标线的上方，也有走出弱势的可能性。

>>实盘操练

　　2015年5月8日，经过一段时间下跌的光电股份（股票代码：600184）以24.08元的价格触底，随后便开始回升，仅仅经过一个交易日的"洗涮"，该股股价便从容上升至多空指标线之上的位置，并维稳运行。而此时该股MACD指标又形成了黄金交叉，两者的完美结合，可以说给予了股民非常强烈的买进信号。从图8-13中可以看到，经过一段时间的上涨，截止到5月28日，该股最高价一度上涨至40.98元，相较于24.08元，涨幅达70.18%。如果股民朋友能够及时捕捉到这一买进信号，那么就能从容吃到后市的一段上涨行情。

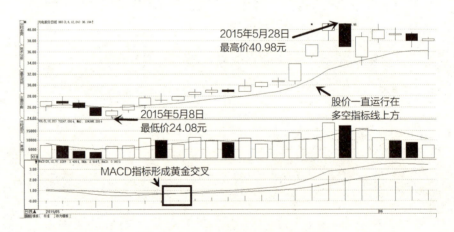

图8-13　2015年5月至6月光电股份K线图

>>巩固练习

问题1：

　　在该股进入下跌行情之前，其MACD指标以及多空指标已经给予了明显的信号，请从技术角度分析这些信号都是什么（如图8-14所示）。

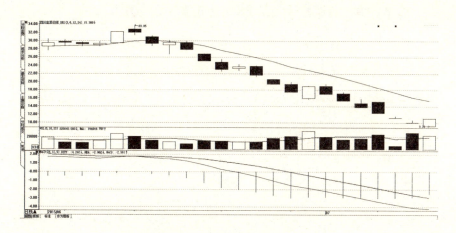

图8-14　2015年6月至7月四川金顶K线图

答案:

从图8-15中可以看到，在该股股价正式下跌之前，先是股价下跌到了多空指标线下的区域向下运行，随后其MACD指标又形成了死亡交叉，整体形成了非常明显的卖出信号。

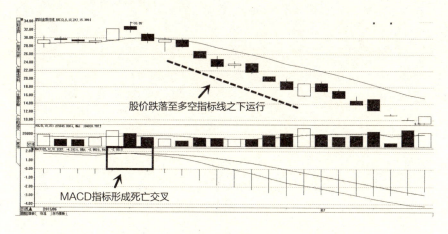

股价跌落至多空指标线之下运行

MACD指标形成死亡交叉

图8-15　2015年6月至7月四川金顶K线图

问题2:

以下选项中哪两项是正确的?

A. 多空指标能够显示个股处于多方市场还是空方市场

B. 股价运行在多空指标线上方是卖出信号

C. 股价运行在多空指标线下方是买进信号

D. 在运用多空指标的时候，我们还应该结合其他指标进行综合分析，以提高所得结论的准确性

答案：

A、D。

第五节　乖离率

>>**概念精读**

乖离率指标（BIAS指标）的理论运行基础与移动平均线相同，也可以说，乖离率指标是移动平均线的衍生体。

乖离率指标的主要功能是测算出股价在波动的过程中，与移动平均线的偏离程度，进而得出在这段波动的时间段里，可能会形成的反弹或者回档，以及股价在波动过程中是否能够维持原有的运行趋势。

在通常情况下，乖离率能够准确地判断出股价波动的顶部和底部，从这一点上说，乖离率是一种可操性非常强，并且准确性非常高的技术分析指标。因此，如果股民朋友想要在股市中顺利套利，就需要掌握乖离率的使用方法。

>>**要点解析**

（1）一般来说，乖离率指标的时间参数可以根据移动平均线来确立，通常为6日、12日及24日。

（2）当以6日为乖离率指标的时间参数时，如果乖离率数值达到+3.55%以上的时候，就说明市场中出现了超买现象，对于股民朋友来说，此时是卖出的好时机；而当乖离率数值达到了-3%以下的时候，则为超卖现象，此时是买进的好时机（如图8-16所示）。

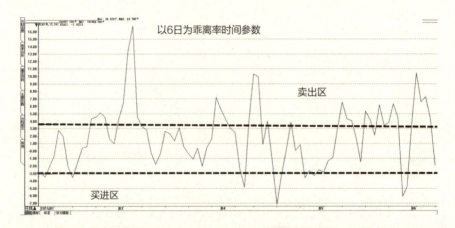

图8-16　以6日为乖离率时间参数示意图

（3）如果将乖离率的时间参数设置为12日，那么当乖离率数值达到+7%以上时，就说明市场形成了超买现象，此时是卖出的时机；而当乖离率数值达到-7%以下的时候，则形成了超卖现象，此时是买进的时机（如图8-17所示）。

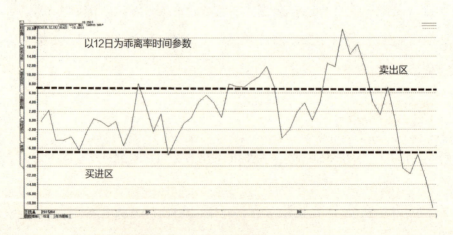

图8-17　以12日为乖离率时间参数示意图

（4）当乖离率的时间参数设置为24日的时候，其数值高于+11%

的时候，就说明市场中形成了超买现象，对于股民来说，这是卖出的信号；而当其数值低于-11%的时候，说明市场中形成了超卖现象，股民可以将其视为买进信号（如图8-18所示）。

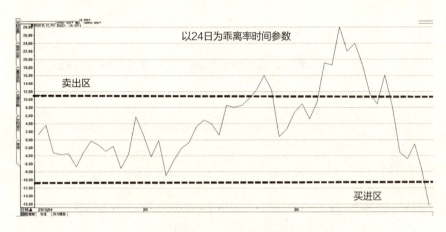

图8-18　以24日为乖离率时间参数示意图

（5）在股价上升的过程中，如果乖离率达到了负值，那么就是逢低买进的好时机；而在股价下跌的过程中，乖离率达到了正值，那么就是利用反弹出货的最佳机会。

>>实盘操练

2014年3月初，亿纬锂能（股票代码：300014）的6日、12日、24日乖离率指标值均达到了+15%以上，也就是说，此时市场处于极度超买状态，后市股价极有可能会进入持续下跌态势中。

从图8-19中可以看到，2014年3月7日，也就是该股乖离率值达到超买极限值几个交易日后，该股股价便以25.44元的价格见顶，随后便一路向下滑落。截止到4月29日，其最低价已经跌至14.02元，其间跌幅达44.89%。如果股民朋友熟知乖离率的使用方法，那么就能凭借乖离率指标合理规避这一次下跌行情。

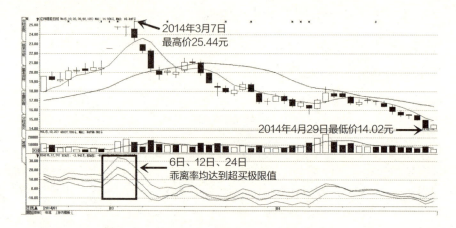

图8-19　2014年2月至4月亿纬锂能K线图

>>巩固练习

问题1：

受到2015年下半年的股灾影响，湖南投资（股票代码：000548）的股价经过一番暴跌后，到了底部区域。而对于这次暴跌行情，乖离率指标早已做出了警示，并且提示了股民介入的时机。试从上述角度，分析乖离率指标是如何给予股民警示的（如图8-20所示）。

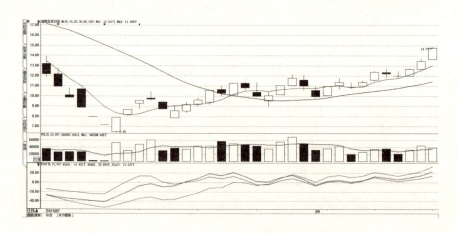

图8-20　2015年7月至8月湖南投资K线图

答案：

经过2015年下半年股灾的洗礼，湖南投资的股价一度下跌至6.46元，与此同时，其乖离率也下跌至-20至-40的区域，这说明该股的下跌行情已经接近尾声，后市很可能会形成反弹行情，或者反转回升。从图8-21中可以看到，如果我们能够大胆介入，那么就能抄到该股的底部价格，当股价回升至8月17日的14.77元时卖出持股，就能吃到一段幅度为128.64%上涨行情。

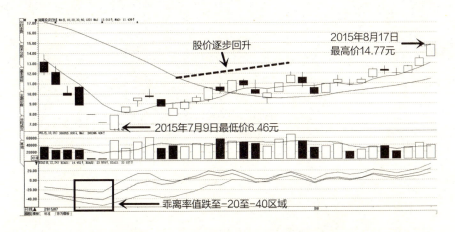

图8-21 2015年7月至8月湖南投资K线图

问题2：

股民朋友在使用乖离率指标时候，在时间参数设定上需要注意什么问题？

答案：

我们在使用乖离率指标的时候，一定要注意不同的时间参数的设置所对应的买进和卖出区间也有所不同，切记不能机械地采用统一的标准。

第九章

经典理论中的技术

　　经典理论之所以被称为经典，是因为这些理论经过了时间与实践的考验。在实际的股市投资过程中，这些经典理论能够帮助股民找到合适的买卖点、证券市场的发展周期以及股价可能出现反转的位置。从技术角度来说，理论是实践的基础，如果股民能够掌握一些经典理论中的技术要领，用理论来指导自己的实战，就能增加自己获利的机会。

第一节　箱体理论

>>概念精读

　　箱体理论最早产生于纽约的华尔街，它是由达维斯·尼古拉在美国证券市场的投资过程中创造的一种理论。在目前的股票市场中，箱体理论是众多股民追捧的分析理论之一。

>>要点解析

　　（1）箱体理论中的箱体指的是股价在运行的过程中，形成了一定的价格区域，也就是说股价的波动轨迹始终限定在一定范围，将这样的范围区域描绘出来，就形成了一个箱体。

　　（2）当股价波动到箱体的底部时，会受到买方力量的支持，阻止股价跌破箱体底部；而当股价波动到箱体的顶部时，会受到卖方施加的压力，致使股价产生回落。

　　（3）如果股价能够有效突破当前箱体的顶部或者底部，就会进入下一个新的箱体中运行，之前的箱体的顶部或者底部就会成为重要的阻力位或者支撑位（如图9-1所示）。

　　（4）如果处于上升过程中的股价触及顶部后回落，说明股价在后市很可能会下跌或者整理较长的时间，这时股民继续花费精力在这类股票上，就容易错失更好的套利良机。因此，股民朋友在借鉴箱体理论、寻求套利良机的时候，应该学会在股价向上突破箱体顶部的时候，研判出新箱体的顶部；在股价向下跌破箱体底部的时候，寻找新箱体的底部。

图9-1　箱体理论示意图

（5）相比其他的技术分析理论，箱体理论最大的优势在于它不是以短时间段的K线数据作为研究对象，而是以整个K线走势作为研究对象。因此，箱体理论所能给予股民的信息量非常大。

（6）箱体理论真正的精髓在于，如果股价收盘的时候能够有效突破箱体顶部，就说明原本的阻力位会变成新的支撑位，此时股价势必会进入一个上升阶段中。对于持有这类股票的股民朋友来说，此时持仓待涨是一个非常不错的选择。

（7）相对于长线操作而言，箱体理论对短线操作的指导意义更强。股民朋友在实际的投资过程中，可以根据股票近期的走向趋势，找出其当前箱体的阻力位和支撑位，当这两个重要的位置被找到后，就可以通过多次高抛低收来赚取差价。不过股民朋友需要注意的是，在实际的操作过程中，要密切关注箱体的变化，因为支撑位和阻力位有互相转化的特性，一旦箱体发生了变化，就要等到新箱体形成之后，再做具体买卖决策。

（8）股民朋友需要记住的是，箱体理论最重要的操作原则就是不买最便宜的股票，只买最会涨的股票。在买进一只股票后，不要因为股价出现了些许回落就急于卖出持股，只要股价不跌落到下一个箱体顶部，就没有卖出的必要。

（9）也许有的股民存在这样的疑问：难道股票不应在其涨至最高点的时候卖掉吗？从理论上说，当股价达到最高点时卖出是正确的，但是不能因为理论的存在，就忽视实际的情况。在股市中，没有人能够准确地预测出一只股票的上涨终点在哪里，如果过早卖出，就会白白浪费掉一波上涨行情。

>>实盘操练

2014年11月至12月，日照港（股票代码：600017）的股价在箱体A中持续运行后，于12月10日突破箱体A的顶部，进入箱体B中，但是此时该股无力继续冲高，并出现小幅回落态势，随后便开始了长达两个月的横向运行。如果股民朋友在股价突破箱体B时盲目买进该股，就容易错失其他更好的套利机会（如图9-2所示）。

>>巩固练习

问题1：

在实际应用箱体理论的时候，股民应该如何选取买卖点？

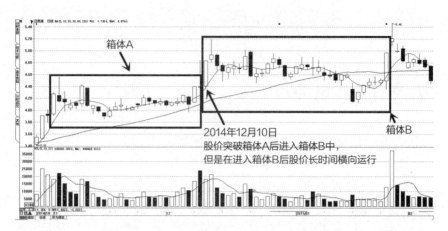

图9-2　2014年11月至2015年2月日照港K线图

答案：

如果股价有效地突破箱体顶部，就证明阻力已经被攻克，股价将持续上涨。相反，如果股价有效地突破了箱体底部，就证明支撑位已经失效，另一个下跌箱体顺势形成。因此对于股民朋友来说当股价突破阻力位后回落的时候，就是较好的买进时机；而当股价跌破支撑位回升的时候就是较好的卖出时机。

问题2：

有人说箱体理论只是一种理论，在变幻莫测的股市中并不适用，这种说法对吗？

答案：

股市纵然存在着诸多突发情况，但是箱体理论不管从理论上来说，还是从实践上来说，都能为股民朋友提供较为可靠的买进或者卖出信号。因此，可以说箱体理论是非常注重实用性的分析方法，也是股民朋友进行操作时的必备法宝。

第二节 江恩理论

>>概念精读

威廉·江恩是20世纪众多著名投资专家中的一员，他发明的江恩理论认为，股票、期货市场中也存在自然规则，市场的价格走势并不是杂乱无章的，而是可以通过数学方法推算出来的。正是这一理论的出现，将威廉·江恩推上了股市神坛，而受到无数人的推崇和追捧。

江恩理论的实质就是在看似没有规律的市场中建立严格的交易秩序。其理论纷繁复杂，包括江恩时间法则、江恩价格法则、江恩线等，这些理论可以发现什么时候价格会发生回调以及将回调到什么位置。那么江恩理论究竟是否真的有实际应用价值呢？也许股民朋友可以从以下两个案例中找到答案。

案例1：根据江恩的一位朋友回忆："1909年夏季，江恩预测9月小麦期权将会到1.20美元。可是，到9月30日芝加哥时间12时，该期权仍然在1.08美元之下徘徊，江恩的预测眼看落空。江恩说：如果今日收市时不到1.20美元，将表示我整套分析方法都有错误。不管现在是什么价，小麦一定要到1.20美元。结果，在收市前一小时，小麦冲上1.20美元，震动了整个市场，该合约不偏不倚，正好在1.20美元收市。"

案例2：1909年10月，江恩受邀在某杂志社人员的监督下进行实际应用示范，在10月份的25个交易日中，江恩共进行了286次买卖，其投资的结果为：264次获利，22次损失，获利率高达92.3%。

简单来说，江恩理论可以分为三个部分：循环理论、50%法则、共振法则。除此之外，还包括21条买卖守则。熟练掌握这些内容，对股民朋友在股市中更好地套取利润有很大的帮助。

>>要点解析

1. 循环理论

时间是江恩理论中非常重要的因素，它代表的是股市中的循环周期，江恩认为在股市中存在着以下几个重要的循环周期。

（1）短期循环：1小时、2小时、4小时……18小时、24小时、3周、7周、13周、15周、3个月、7个月。

（2）中期循环：1年、2年、3年、5年、7年、10年、13年、15年。

（3）长期循环：20年、30年、45年、49年、60年、82或84年、90年、100年。

10年循环周期也是江恩分析的重要基础，江恩认为，10年周期可以再现市场的循环。例如，一个新的历史低点将出现在一个历史高点的10年之后，反之，一个新的历史高点将出现在一个历史低点之后。同时，江恩指出，任何一个长期的升势或跌势都不可能不做调整持续3年以上，其间必然有3~6月的调整。因此，10年循环的升势过程实际上是前6年中，每3年出现一个顶部，最后4年出现最后的顶部。

上述这些循环周期之间存在着数量上的联系，比如倍数关系或者平方关系，江恩将这些晦涩难懂的数学关系用简单的圆形、六角形等显示出来，为股民准确、方便地预测股市走势提供了实用性极强的工具。

2. 50%理论

在股市中，50%是一个非常重要的位置点，当股价运行到这个位置点时，极有可能出现回调走势。这里说的回调走势，指的是与原有的基本趋势运行方向相反的中级调整走势，具体来说，回调走势既包括下跌走势中的反弹回升，又包括上涨走势中的下跌回落（如图9-3所示）。

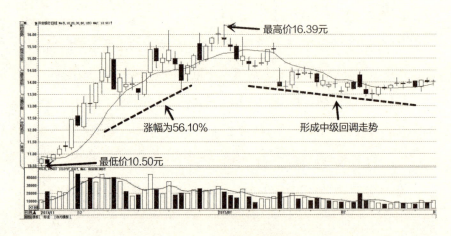

图9-3 50%理论示意图

3. 共振法则

（1）在物理学中，共振是指一物理系统在特定频率下，比其他频率以更大的振幅做振动的情形。江恩将这种共振现象有机地带入股市中，并总结出了共振法则。

（2）江恩理论中的共振法则指的是当消息面、技术面或者基本面等有机地汇合到一起后，会导致整个股市或者某只个股的巨幅震荡，这样的震荡通常会引起股指或者股价的大幅上涨或者下跌（如图9-4所示）。

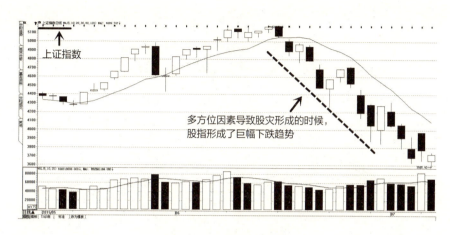

图9-4 共振法则示意图

（3）当长线投资者、中线投资者、短线投资者在一段时间内，操作方式一致，也就是说买卖方向趋于相同时，将会产生向上或者向下的共振。

（4）当时间周期中的长周期、中周期和短周期交汇到同一个时间点并且运行方向相同的时候，会产生向上或者向下共振的时间点。

（5）当长期移动平均线、中期移动平均线、短期移动平均线交汇到同一价位点，并且移动方向相同的时候，将会产生向上或者向下共振的价位点。

（6）当K线系统、均线系统、成交量KDJ指标、MACD指标、布林线指标等多种技术指标形成买入或者卖出信号的时候，将形成技术性共振。

（7）当金融、货币、财政、经济等多种政策密集出台，并且对股市指导意义一致的时候，会形成政策面的共振。

（8）当基本面和技术面的指向一致的时候，会形成较大的共振点。

（9）当上市公司的基本面与行情周期情况方向一致的时候，会形成对上市公司的共振点。

4. 江恩21条买卖守则

（1）将自己的资金分成10份，每次进行实际操作的时候，要将损失控制在十分之一以内。

（2）懂得顺势而为，当市场趋势不明显的时候，宁可选择在场外观望，也不要盲目买进。

（3）将设置止损位变成一种习惯，在出现突发情况时保障所得利润。

（4）只卖成交量比较大、交投活跃的股票。

（5）在进行操作前设立的止损位不能轻易改变或者取消。

（6）没有充分的理由，不要随意更改所持仓位的买卖策略。

（7）买卖股票为的是从中赚取差价，而不是收取股息。

（8）投资过程中如果蒙受损失，千万不要盲目补仓，这样非但不能摊薄成本，还会使自己的损失扩大。

（9）不要去做赔多赚少的买卖。

（10）入市要坚决，犹豫不决的时候不要入市。

（11）不要将过量买卖理解为扩大获利空间。

（12）当获利达到一定程度后，可以将部分利润套现作为应急资金。

（13）在不恰当的时候进行金字塔式补仓，只会增加所要面临的风险。

（14）操作次数越多，犯错的可能性就越大，买卖过于频繁不是一种好习惯。

（15）避免限价出市或者限价入市，要在市场中买卖。

（16）不要因为耐不住寂寞就盲目入市，也不要因为耐不住寂寞就急于出市。

（17）会买的同时也要会卖，不要只做单边交易。

（18）不要让自己盈利持仓变成亏损持仓。

（19）不要在价格低的时候无限制地买进，也不要在价格高的时候就惊恐不安。

（20）永不对冲。

（21）一般可以设立10%的止损位，最大限度地降低买卖出错的时候可能造成的损失。

>>实盘操练

2012年6月至10月，大禹节水（股票代码：300021）的股价在较短的时间内从10.91元下跌至5.52元，跌幅达到了49.40%。根据江恩理论的概述，当股价跌幅达到50%左右的时候，会形成回调。由于该股之前处于下跌行情中，因此该股会产生一波反弹上涨行情，其后市走势图像也印证了这一点（如图9-5所示）。

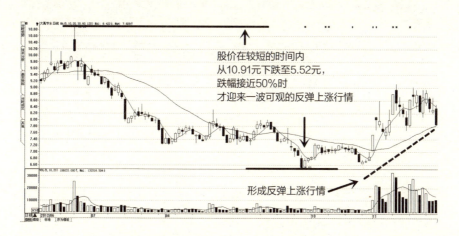

图9-5　2012年6月至11月大禹节水K线图

>>巩固练习

问题1：

试从股市中寻找到一个江恩理论的实际应用案例。

答案：

2015年2月中旬，新大新材（股票代码：300080）的KDJ、MACD指标均形成金叉形态，紧随其后的是该股的5日均线上穿30日均线也形成了金叉形态，至此该股整体图像形成了技术性共振，在这种共振的强力推动下，该股开启了一波持续时间比较长的上涨行情（如图9-6所示）。

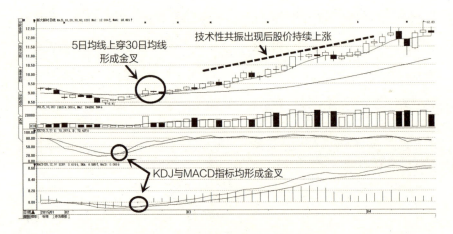

图9-6 2015年1月至4月新大新材K线图

问题2：

试以江恩理论为基础，分析蓝色光标（股票代码：300058）2015年上涨行情形成的原因（如图9-7所示）。

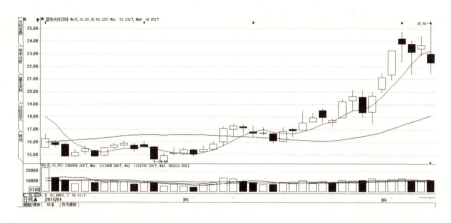

图9-7　2015年4月至6月蓝色光标K线图（1）

答案：

蓝色光标（股票代码：300058）是中国本土公共关系行业最著名的品牌之一。据2015年蓝色光标公布的第一季度公告显示，其营业总收入同比增长22.59%，并且该股还在2015年4月初至5月中旬，形成了底部反转形态。这样的股票不管是对长线投资者还是对中短线投资者都是一个巨大的诱惑，而该股后市的表现也确实没有让股民失望。4月28日，该股最低价仅为14.43元；截至6月9日，该股最高价已经上涨至25.50元，涨幅达到了76.72%（如图9-8所示）。

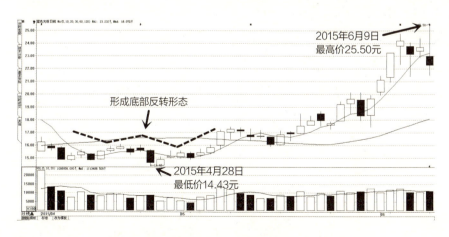

图9-8　2015年4月至6月蓝色光标K线图（2）

第三节　波浪理论

>>**概念精读**

美国证券分析家拉尔夫·纳尔逊·艾略特利用道琼斯工业指数平均作为研究工具，提出了著名的波浪理论。艾略特认为不管是自然中还是股市中，都有一种内在的秩序展现出周期性循坏的特点，任何一次波动都有迹可循，这也是波浪理论的精髓所在。

对于股民朋友来说，波浪理论最大的参考价值就在于，可以根据波浪理论中总结出的规律性波动来预测价格未来的走势，根据这些推论，就能够制定出比较完善的买卖策略。

波浪理论是一种价格趋势分析工具，它是一套完全通过观察而总结出来的规律性理论，可以被用来分析股价、股指的走势。由于其实用性非常强，但又需要透彻理解才能运用好，因此被股民称为股市分析中用得最多但是又最难精通的理论分析工具。

波浪理论的核心思想是，股票市场的上涨和下跌是交替出现的，并且一轮上涨行情与下跌行情是以"五升三降"的八浪循环的方式完成的。

>>**要点解析**

1. 上升五浪

具体来说，上升五浪分别为启动浪、初次调整浪、发展浪、再次调整浪和冲高浪（如图9-9所示）。

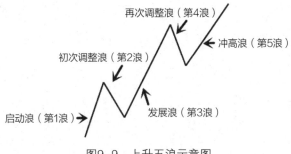

图9-9　上升五浪示意图

（1）启动浪（第1浪）。启动浪是整个循环的开始，一般来说，启动浪是庄家在正式发动行情前的试探操作，这一阶段浪形比较平缓，持续的时间比较短，容易使股民误认为即将形成短线行情。

（2）初次调整浪（第2浪）。初次调整浪多为庄家的短线打压，以便将大部分散户震出局，为自己的拉升做好铺垫。但是打压股价需要大量的筹码，而庄家又不能丢失大量的廉价筹码，因此，打压的时间会比较短。一般来说，初次调整浪不会跌穿启动浪的浪底。

（3）发展浪（第3浪）。如果庄家能够锁定足够的筹码，就会通过制造对拉升有利的因素来发动行情，以便能够充分吸引市场资金的介入，活跃市场人气，所以发展浪的持续时间一般是最长的。对于股民朋友来说，在股价突破启动浪的浪顶的时候就是最佳的买进时机。

（4）再次调整浪（第4浪）。经过发展浪的长期运行后，庄家开始抛出手中部分筹码，股价也就随之下跌，但是此时的底部不会比启动浪的顶部低，下跌的幅度也仅为发展浪的50%左右，这一点也体现出了其调整性。通常来说，再次调整浪的持续时间会比初次调整浪的时间长，以便能够进行更深一步的"清理"工作。

（5）冲高浪（第5浪）。这一阶段庄家会使出浑身解数做最后的冲刺，即便此时有利空消息传出，也会被无视。股指在第5浪中不断创造新高点，浪顶也会突破发展浪的浪顶。由于庄家去意已决，因此冲高浪的攻势会比发展浪更猛烈，但是持续时间会比较短，对于股民朋友来说，此时也是风险最大的时候。

2. 下跌三浪

下跌三浪即下跌出货浪、反弹出货浪和出货探底浪（如图9-10所示）。

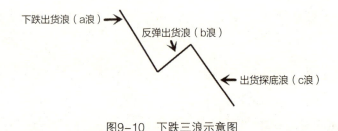

下跌出货浪（a浪）

反弹出货浪（b浪）

出货探底浪（c浪）

图9-10　下跌三浪示意图

（1）下跌出货浪（a浪）。对下跌出货浪也可以视为庄家的表演阶段，通常在这个阶段，股价已经达到了庄家的目标价位，所以庄家开始大量抛出手中的筹码，这样就导致了股价快速下跌，当散户反应过来的时候已经被套在了高位。

（2）反弹出货浪（b浪）。反弹出货浪通常是由庄家利用反弹再次出货造成的。由于股市存在着猛烈下跌后必有反弹出现的内在规律，并且主力要借反弹的机会榨取盘中最后的利润，一些股民便误以为下跌行情即将结束，从而盲目跟进，促使反弹行情进一步发展，也为庄家提供了更多的便利。

（3）出货探底浪（c浪）。这一阶段是庄家完全出货的阶段，即使庄家在反弹出货浪中没有将筹码完全派发出去，也会在这一个阶段将筹码全部清空。由于股价已经经历了一段下跌行情，场外观望的散户此时不会轻易进场，本来被套在高位的股民也纷纷割肉离场，即便出现利好政策也无法扳回劣势，所以出货探底浪的跌势会比较强劲，跌幅比较大，持续的时间也相对较长。

3. 应用技巧

（1）在整个波浪循环的过程中，处于同向运行的两段波浪会以"简单、复杂"或者是"复杂、简单"的形式交替出现。

（2）在上升五浪中，由于第3浪是爆发性最强、持续时间最长的波浪，因此，第3浪不能比其他4浪短。

（3）在第1浪、第3浪和第5浪中，只有一个波浪延长，其他两个波浪的长度和持续时间都相近。

（4）第4浪的底部永远不能比第1浪的顶部低，也就是说第4浪形成的最低点要比第1浪所形成的顶点高，只有这样才能算是波浪循环。

（5）股民朋友需要注意的是，波浪理论只是一种分析理论，虽然它具有较高的实用性，但这并不表示它就可以被当成真理，就连艾略特本人及众多波浪理论研究者对波浪理论的看法也不统一，他们经常会被一个问题所困扰：如何判断一个浪已经完成并且开始了另一个浪呢？如果没有弄懂这个问题，一旦出现看错的情况，就很可能为自己带来致命的打击。因此，股民朋友在风险较高的股票市场中运用波浪理论的时候，一定要仔细研判市场，结合多方面因素进行综合分析，以降低自己面临的风险。

>>实盘操练

在2013年7月中旬至10月中旬这段时间里，长盈精密（股票代码：300115）的整体股价走势就形成一套完整的"五升三降"的八浪循环方式。如果股民朋友能够根据波浪理论的股价涨跌趋势来进行操作，就能在这段波浪中获得丰厚的利润（如图9-11所示）。

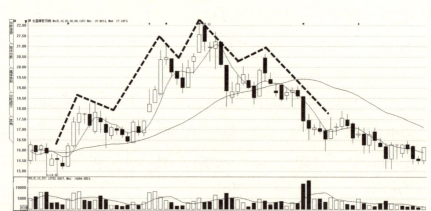

图9-11　2013年7月至11月长盈精密K线图

>>巩固练习

问题1：

有人说，在2015年3月至9月这段时间，上证指数的走势打破了波浪理论的说法，这种观点正确吗？如果不正确，请说明原因（如图9-12所示）。

图9-12　问题1配图

答案：

这一观点不正确。首先从选取的截图上可以看到小浪的出现，但是无法确定这一浪是不是初始浪之后的小浪。其次，在2015年下半年受到股灾的影响，股指形成了大幅下跌的趋势，市场气氛处于极度恐慌、看空的态势中，增加了数浪的难度，不能因为只是单边暴跌的形态出现就认定波浪理论不成立（如图9-13所示）。

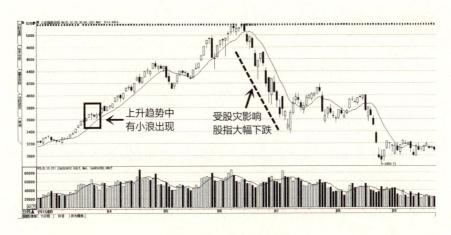

图9-13　答案1配图

问题2：

波浪理论中的八浪循环一定是五升三降吗？

答案：

不一定，如果是在下跌趋势中运用波浪理论，那么具体浪的数法应该遵循五降三升的原则。

第四节 黄金分割理论

>>概念精读

黄金分割率又叫作黄金率，它指的是事物各个部分之间的数学比例关系，也就是说，将一个整体分为两个部分，并使其中一部分与整体的比值等于另一部分与这部分的比值。

一些深得黄金分割率精髓的专业研究人员将这一比率引用到了股票市场中，并以此总结出股价运动的高低点。对于股民朋友来说，掌握黄金分割率有利于掌握股价回调或者反弹的位置点。

依照由黄金分割率推演出的黄金分割理论，可以推测出大盘或者个股是由空头市场转入多头市场，还是由多头市场转入空头市场，股民朋友根据整体投资环境的变化，再结合其他的数据就能较为准确地研判出买点和卖点的位置。

具体来说，黄金分割率在股市中的实际应用可以分为两点：对顶部的判断和对底部的判断。

>>要点解析

1. 对顶部的判断

当市场进入多头市场或者经历牛市行情的时候，股民朋友最关心的问题莫过于这一轮行情的顶部在什么位置。在实际投资过程中，想要极为精准地判断出顶部的位置是不可能的事情，但是如果股民朋友能够熟练掌握黄金分割率，就能够大致计算出股价可能出现反转的位置，此时再结合其他数据进行分析，就能大致推断出顶部可能出现的位置，提前做好卖出的准备。

按照黄金分割理论，当股价上涨一段时间、脱离低价格区域后，会在上涨幅度接近或者达到38.2%与61.8%的时候发生变化，通常在这个位置都会出现反向压力，导致上涨行情结束。

黄金分割理论除了认为38.2%和61.8%是重要的反向压力点外，它还认为其间的一半同样是比较重要的反向压力点，也就是说19.1%也是重要的位置点。因此，股民朋友在判断一段行情究竟可以延续多久的时候，可以用下跌行情中出现的最低价乘以0.191、0.382、0.618作为其上涨幅度的参考。当股价上涨幅度超过一倍的时候，它的反向压力点可以根据1.191、1.382、1.618进行计算得出（如图9-14所示）。

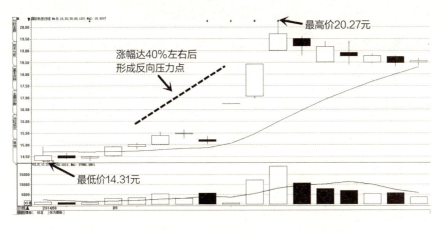

图9-14　利用黄金分割理论判断反向压力点示意图

2. 对底部的判断

利用黄金分割率判断底部的时候，采取的方式与顶部判断采取的方式基本一致，当多头市场结束、空头市场展开的时候，利用黄金分割理论可以计算出下跌趋势中的支撑位，对股民朋友的抄底行为可以有一定的指导作用。

当股价下跌一段时间、脱离了高位区域后，依照黄金分割率来看，当下跌的幅度接近38.2%或者61.8%的时候会发生变化，股价到达支撑位后结束之前的一段下跌行情，与上升行情相似的是，除了38.2%和61.8%以外，在19.1%的位置，也会形成支撑效果。

>>实盘操练

2015年1月19日，经过一段下跌行情之后的葛洲坝（股票代码：600068）的最低价下跌至7.61元。我们以黄金分割率来计算其可能出现的反向压力价格点，以最低价7.61元为计算标准，具体计算公式如下：

$$7.61 \times (1+0.191) = 9.06（元）$$

$$7.61 \times (1+0.382) = 10.52（元）$$

根据黄金分割率的相关计算，我们可以知道，在9.06元和10.52元附近股价可能会出现反向压力。这里，股民朋友需要注意的是，上述计算只能算出反向压力的大致位置，在实际的投资过程中，实际价位与标准价位很有可能不一致，因此，只要求实际价位在计算价位附近即可。

从图9-15中可以看到，该股股价自2015年1月19日下跌至7.61元后开始上涨，当股价涨至1月29日的9.03元（在9.06元附近）时，根据黄金分割率的计算，极有可能出现反向压力，导致股价回落，并且此时该股MACD指标形成了拒绝金叉形态，预示着后市该股即将出现下跌，短线操作的投资者完全可以在此时卖出，规避损失。经过小幅回落后，该股再次上涨，并且其MACD指标形成了金叉形态，预示着后市上涨行情将持续下去，股民朋友可以在此时买进该股。但需要注意的是，根据黄金分割率的计算，当股价上涨至10.52元附近的位置时，还将出现反向压力点。根据该股后市的走向可以看到，该股最高价于2015年2月27日上涨至10.52元附近的9.92元后，就进入下跌行情中，如果股民朋友没有及时卖出持股，就会蒙受一定的损失。

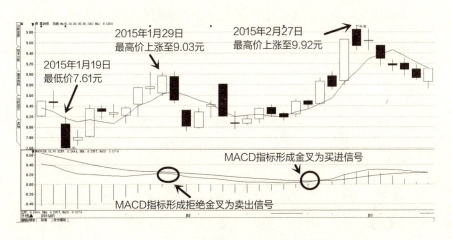

图9-15　2015年1月至3月葛洲坝K线图

>>巩固练习

问题：

试从股市中寻找一只适用黄金理论的股票，并分析黄金理论是如何应用于这只股票的。

答案：

在经历了一段上涨行情后，华谊嘉信（股票代码：300071）的股价于2013年10月8日达到相对较高的20.38元，并且其MACD指标形成了死叉形态，预示着该股后市将迎来下跌行情。以这个阶段性高点为最高价格，通过黄金分割率的计算，即20.38×（1-0.382）=12.59（元），可以算出该股最低点位应该在12.59元附近。

经过一段时间的下跌后，在2013年11月11日，该股最低价已经下跌到了11.49元，此时的股价已经到达了12.59元附近，因此可以说在11.49元的位置，该股很可能会企稳回升，形成一波反弹行情。从图9-13中可以看到，黄金分割率再一次预测出了底部的大致位置，随后该股MACD指标又形成了金叉，增加了黄金分割率推测结果的可信程度（如图9-16所示）。

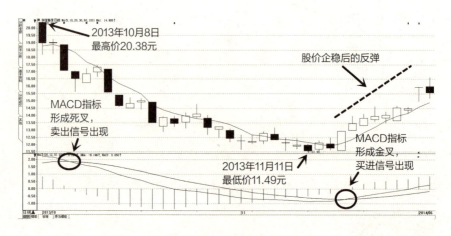

图9-16　2013年10月至12月华谊嘉信K线图